03

刑事辩护
经验与技巧

交叉询问的
方法与技巧

张耀良大律师演讲录

张耀良 著

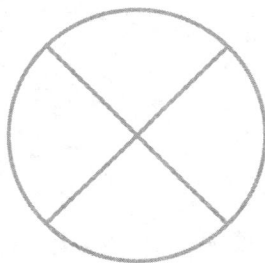

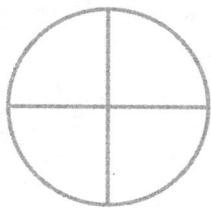

中国政法大学出版社

2018·北京

图书在版编目（ＣＩＰ）数据

交叉询问的方法与技巧:张耀良大律师演讲录/张耀良著. —北京:中国政法
大学出版社, 2018.10（2021.9重印）

ISBN 978-7-5620-8578-2

Ⅰ.①交…　Ⅱ.①张…　Ⅲ.①律师—辩护—经验—中国　Ⅳ.①D926.5

中国版本图书馆CIP数据核字(2018)第221155号

出 版 者	中国政法大学出版社
地　　址	北京市海淀区西土城路 25 号
邮寄地址	北京 100088 信箱 8034 分箱　邮编 100088
网　　址	http://www.cuplpress.com（网络实名：中国政法大学出版社)
电　　话	010-58908437(编辑室) 58908334(邮购部)
承　　印	北京中科印刷有限公司
开　　本	880mm×1230mm　1/32
印　　张	8.625
字　　数	200 千字
版　　次	2018 年 9 月第 1 版
印　　次	2021 年 9 月第 2 次印刷
定　　价	69.00 元

前　言

本书是我过去两年的多次演讲录。

中国政法大学吴宏耀教授和朱明勇律师近年来组织了一系列律师培训项目，包括庭审交叉询问技巧的研讨会。承蒙邀请，我参加了多次讲座，和律师朋友们多次分享了庭审询问证人的经验心得。

普通法制度下的询问证人原理与技巧，是历代诉讼律师的经验与智慧，配合证据法和刑事诉讼程序，口传身授，累积下来的一套技术法则。这一点以往在法学院并没有很全面的讲授（今天也没有），我们有的只是零碎的讲解，也有数量不算多的专著，及前辈出版的个人执业回忆传记等，这些都值得我们从中学习。学生或年轻律师只能靠多观察和自学去领会，以及从执业实战经验中慢慢摸索。

近年来香港大律师公会比较重视大律师的诉讼（advocacy）技巧培训。这些培训近年办得更有系统也更全面；过去只是由师傅给弟子言传口述、以身示范如何对证人进行盘问的时代，今天我们更完整、更有条理地把具体技术整理陈述出来，通过有系统的理论讲解，令有志从事诉讼的律师更好地掌握此中窍门。当然这门技术能力不可能单靠培训便一蹴即至，毕竟未经多年实战磨炼是不可能有成熟的技巧的，最终能有多少成就便看律师个人的努力了。

有关诉讼技巧也有一说法是"说服的技巧"，我很认同这种观点。有一种误解是诉讼律师凭的是三寸不烂之舌、在法庭上以花言巧语为他的当事人争取利益。专业律师须具有较好的表达能力，这是理所当然的条件，然而要成功说服法官，说服陪审团，甚至说服证人，使他们同意你的观点，关键仍然是你的说词是否符合常理（common sense），是否符合逻辑，简言之，是否言之成理，说词是否有足够的说服力。我们的前辈给我们的教导是：我们固然要以律师的思维方式去思考，另一方面，当考虑具体事实情况时也必定要顾及常理，讲任何观点时别忘记给出一个言之成理的理由作支持。用我们的说法是：辩可辩之争、别辩不可辩之争（Argue the Arguable; Do Not Argue the Unarguable），否则只会令庭审律师失去可信性。

同样的道理，在询问证人的过程中，诉讼律师的问题必须令法官或陪审团感觉言之有物，步步趋近事实或议题核心，令听众感到有兴趣、愿意听下去、感到越听律师的询问越了解更多事实，这样一来，通过有效的询问，你引领披露出来的案情便能渐渐打动和说服你的听众。

本书得以出版，全赖两位主编吴宏耀教授、朱明勇律师和他们的工作团队的努力，把散乱的多次演讲内容整理得条理分明。本书的内容是无数法律人集体智慧的结晶；本书的出版是两位主编努力不懈的成果；内容讲解方面如有任何不清晰或纰漏处，是本人的责任。

2018 年 5 月

目 录

01

法庭交叉询问基本原则 ... 001

香港的普通法庭审制度跟内地的模式有根本的不同。普通法审讯的特色就像竞赛，是对抗的模式。普通法的庭审当中，律师的活跃度是很高的。一个诉讼律师可以什么都不懂，但是有一点必须要懂，就是懂得发问，懂得提出一些有效的问题。

02

交叉询问的方法与技巧（一）... 066

　　如果不能问引导性问题，庭审作供根本没有意义，庭审将发挥不了作用，找不出事实真相。如果双方都有各自的论述，都有自己的版本、事实、自己坚持的事实真相，为了让庭审理解双方的分歧所在，决定谁更可信，作出裁定，必须要以引导性问题进行质证。

03

交叉询问的方法与技巧（二）... 123

　　问简单具体的问题，引导出简单具体的答复。不要给证人一个演说机会，不要让他把话题拉开，拉开话题最不理想的后果，是令发问的律师陷于非常被动的境况，变成了证人牵着律师的鼻子走，而不是律师控制证人怎么回答问题。

04

香港法庭询问的规则 ... 191

香港的庭审程序分为上半场和下半场，上半场由检控方传召他的证人作供，接着是辩护律师向证人进行交叉询问，下半场是辩方证人作供。控方引导证人作供的时候，引导的内容不能超过证人供词的内容范围且只能问开放性问题。

05

香港的专家证人规则 ... 206

专家证人作供，在普通法里面是一个特殊的问题。普通的证人作供一般都只能讲事实，但是专家证人能讲意见。当然，法庭从来不随便假定专家讲的就是真理，法官会听取专家的报告、陈述及律师对专家证人的盘问，综合判断作出裁定。

06

07

01　法庭交叉询问基本原则

　　各位朋友，首先感谢中国政法大学吴宏耀老师的邀请，以及他的鼓励，让我参与这次研讨活动。其实他今年年初的时候就跟我谈到，想对庭审发问技巧办一些培训活动。当时我有点犹豫，我的犹豫在哪里呢？香港的普通法庭审制度跟内地的模式有根本的不同。普通法审讯的特色就像竞赛，是对抗的模式。普通法的庭审当中，律师的活跃度是很高的。我们经常有句话对我们的学生、徒弟说：一个诉讼律师可以什么都不懂，但是有一点必须要懂，就是懂得发问。对某些议题你可以不懂、心中没有答案，但是你必须要懂得提出有效的问题，提出一些准确的、有用的、有效的问题。所以在庭审过程当中，律师除了懂得辩论，关键还必须要懂得发问。

　　从这方面就看得出，在普通法的制度下，律师的活跃性是很高。我不太肯定内地律师的活跃性跟普通法的诉讼律师的活跃性怎么比较，但是吴宏耀老师当时的想法是，我们这种培训项目的目的是"面向未来"，今天虽然内地的制度并不跟普通法一样，但是我们必须要求律师或者诉讼律师做好准备，准备好询问技巧，装备好自己。我完全同意他的观点，所以我们就开始办这种关于交叉询问（又称"盘问"）的培训活动。今天我要讲的这个题目，是 2016 年以来我第三次讲了，每次我都要不停地思考，怎么样把它讲得更好。大家收到我的一份大纲，我写的时候已经尽量把内容浓缩，但是浓缩出来的材料，最少也要讲三到五天才能讲完，所以今天半天的时间，恐怕很多方面不能像我主观想讲的那么详细。我还在想我应该注意森林还是树木，如果要讲森林的话，可能遗漏了好多树木，讲树木的话，大家看不到我们一个整体的制度。我只能尽量利用有限的时间做一个介绍，关于询问的技巧方面，尽量把我们的经验跟大家分享。

一、庭审的任务

我首先把普通法其中的一个特色跟大家分享，就以刑事诉讼制度作为参考。在普通法中，刑事举证的责任在控方，被告人没有证明自己无罪的责任。一个被告人在庭审当中完全可以一句话都不讲，他是否有罪，就看控方的证据能不能达到举证的标准。我们称这种标准为"毫无合理疑点"（beyond all reasonable doubts），只有达到这种举证标准，才能证明被告人有罪。这是普通法一个很基本的原则，因此，控方必须要把证据拿到法庭展示出来。辩方律师的责任是什么呢？他的责任并不是也不需要去证明被告人清白无罪，只需要去动摇控方证据的可靠性就可以了。大家不要以为一个辩方律师只会考虑被告人"有罪"或"无罪"两个可能，这是不对的。在庭审当中，证据可能证明这个被告人有罪，也可能证明这个被告人清白，但是在现实中更多的时候，一个被告人最后得以脱罪，往往不是因为他能证明自己清白，而是因为控方的证据有疑点或不可靠，达不到定罪的标准。所以，这里有三个可能性。控方必须要达到"毫无合理疑点"这个相当高的标准，才能证明被告人有罪。辩方不需要也没有责任证明被告人清白，他只需要去动摇或者破坏控方证据的有效性、可靠性，令证供出现疑点，就足够了。因此，辩方律师最关键的工作，便是在交叉询问当中去测试、动摇控方的证供及证据，他的目的是测试控方的证人、控方的证物、控方所有证据材料的可靠性，就是测试所谓的"可信性"有多少。在法学院里，我们的老师经常会提一个观点，后来我们都非常认同：以庭审的功能往往并非要来查找真相，而是用来裁定证据的可信性和可靠性的。

按照我自己的经验，事实真相其实永远难以找出来。庭审不是一个真的能帮助我们找出真相的地方，庭审往往就是用来裁定证人有多少可靠性、可信性，你能相信他到什么程度。庭审就是决定证人有多可靠的一个地方。大家可以想象，在庭审中，控方有控方的一套说法，辩方有辩方的一套说法，好多证人都有各人自己的说法，谁说的是真理，其实真的不好决定。但是我们可以通过他们的作供，通过听他们回答问题，更重要的是通过律师有效的盘问，让法庭可以判定谁更可靠，谁的可信度更高。因此，普通法的法官在裁定一个案件的时候，在判词中不会说"本案事实清楚、证据充分"。根据我个人的经验，不论任何案件，证据永远都不太充分，事实永远都不太清楚。看了那么多的案件，我只能说在听完所有的证人作供以后，我们的法官会说（例如）："本席接纳某证人是诚实可靠的证人，本席愿意采纳他的证据，本席相信他说的事实更接近真相。"换言之，如果不认为该证人所说的事实接近真相的话，法官便不采纳他的证言。普通法的法官很少说"这个证人说的就是事实，他说的就是真理，他说的就是事实全部的版本"，法官轻易不会这样说。人生的经验告诉我们，每一个证人无论说什么证言，无论有多诚实，都不免有缺陷，所以我们只能去听所有证人的证言，在过程当中，去裁定我们更愿意接受谁的证供。在这样的背景下，一个诉讼律师发问的时候，他的素质、他的水平、他的诘问力度有多少，可以决定是否能有效帮助法庭去判定一个证人有多可靠，这就是我们为什么那么需要专业的庭审发问技巧的道理所在。

二、律师询问的任务

在普通法的刑事法庭里边，法官开庭之前，除了负责陪审团案件的高等法院法官外，其他刑事法庭的法官几乎是不看案情卷宗的。我想这可能跟内地有点不同。香港民事案件则有所不同，民事案件的卷宗，在审前都被送到法庭里边，法官在开审前都看过。但是对于普通法的刑事案件，法官在开庭之前，除了知道这个被告人的名字和他的控罪，一般没有卷宗可看。法官只在开始庭审时，看一看控方案情的描述，看一下控方的案情陈述书而已。案件将会出庭的证人曾经说了什么，或者将会说什么，法官是不看的。为什么不看呢？目的是保持自己的中立性，保持自己不受任何一方先入为主的影响。所以法官尽量不看控方详细的内容，更不会看辩方的任何说法，因为在普通法里，辩方的证据，辩方的事实或者辩护的秘密武器，在被告人庭审作供之前是一点都不用披露出来的（除了被告人在案发时间和地点的不在场证据，即"alibi"），这个是很重要的。

所有法官开庭的时候，都不会知道双方的证据是什么样的。大家都听过普通法有陪审团制度（jury），香港的陪审团只在高等法院庭审里边有。香港刑事法庭有三层，我们没有一审、二审这个概念。审讯只有一次，审讯完了以后，如果有任何一方不服的话就上诉至上诉庭（Court of Appeal），上诉并非再审讯一次，上诉庭的形式有点像内地的法庭辩论。上诉庭审理完毕如果任何一方仍然不服而又有理据的话，可再上诉，第二次上诉就是上诉至终审法院（Court of Final Appeal），即最多只有三次法庭聆讯的机会。我们有三层刑事法庭，最基层的叫裁判法院（Magistrates' Court），是处理比较轻微的案件的法庭，所谓轻微就是判刑最高不超过 3 年的意思。再高一层的，是区域法院（District Court），区域法院最高判刑是 7 年，已经很严重了。更高一点的就是高等法院原讼庭（Court of First Instance of the High Court），判刑最高可至无期徒刑。高等法院开审的时候，除了法官，还有陪审团，高等法院审理最严重的案件。裁判法院庭审只有一个法官，区域法院庭审也只有一个法官，高等法院庭审就是法官加陪审团，陪审团一般有 7 个人，也可以有 9 个人，法律规定最多可以有 11 个人。

大家可以想一想，如果案件到了高等法院审讯，那是多么严重的案件，例如谋杀、严重的贩毒这些案件。参与庭审的是陪审团，陪审员都是普通的市民。作为普通老百姓，也许他们一辈子都没有走进过法庭里边，突然有一天被召唤来到法庭参与这么严重的一个案件审讯，你想他的感觉会怎么样？他肯定感觉纳闷："这个环境我不熟悉、这些程序我也不熟悉，我怎么能担当参与这个审判案？"陪审员只有一个权利，也是他们唯一的一个任务，就是裁定被告人有罪或者无罪。判刑不是陪审团的任务，他们没有参与判刑的权利，被告人若是被裁定罪成，判刑是法官的任务。法官主持庭审，陪审团坐在那里就是听证据，听双方的辩论，听法官给他们指导，然后他们退庭商议有罪还是无罪，当然，不管作出哪种裁决，陪审团都不需要给出裁决理由。

如果让老百姓来担任一个被告人有罪或者无罪的裁判者，那么律师的任务是什么？律师的任务是帮助这些普通公民去理解这个案件，理解事实，理解这个案情的整个过程，这样，大家就会明白，一个诉讼律师的一项重要任务，是要具备一种专业技巧、一种令这些可能是人生第一次走进法庭里边的陪审员听得懂你们的证据的技巧。因此律师问问题的时候，必须要问得很有技巧、很容易懂、很流畅、很有逻辑，最后达到说服或影响陪审员的目的。我之所以用"影响"这个词，是因为我们在陪审团面前发问、引导证据的过程，目的就是"影响"他们。我要强调，律师的目的便是要说服他们、令他们相信我们这方的版本，审讯的目的就在这里。

在普通法的制度背景下，大家将会了解到，律师这种向证人发问的技巧有多重要。你必须要一方面协助一个开审前对案件没有参与的法官，让他明白控辩双方在庭审中干什么，另一方面也必须协助陪审团，让这些对司法制度可能毫不熟悉的公民能够跟得上你们对案件事实的阐述，能够明白证人说的证言，理解你们在做什么和想表达什么，包括双方的观点。所以律师问问题的时候表现出的能力，从这里可以看得出，令大家都明白证据有多重要。

三、律师询问的技巧

（一）普通法司法制度的文化

在谈庭审询问技巧时，首先必须要谈一谈司法制度文化。普通法毕竟是有几百年历史的司法制度，在法庭内我们是有一套制度文化的。我们的文化是什么呢？先说座位安排：如果大家有机会来香港看看我们的法院，法庭里面的座位安排跟内地有点不同。我注意到，无论是我国内地还是台湾地区，法庭里边的位置安排都是差不多的。在香港，法官坐在中间，前面有一张很长的桌子，控辩双方共享这个桌子，面向法官。一般这个桌子的右边，也就是法官的左边，是控方，法官的右边，即桌子的左边，是辩方。

为什么要双方共享桌子呢？一方面是方便大家在庭审过程中沟通，因为庭审过程当中，两方面总有沟通的需要。另外一个重要的原因就是看起来比较平等。被告人一般就坐在法庭一侧或者法庭后面。在我国内地及台湾地区，被告人坐在法庭中间的一把椅子上，后面或旁边站着一个庭警，被告人看起来挺难过的样子。为什么被告人表面上看着难过呢？普通法有一个原则：假定无罪。被告人在没有被定罪的时候，应该假定他是没有罪的。但是被告人坐在那个中间位置，被四方人物包围在中间、插翅难飞似的，好像准备拉出去枪决处决一样，看起来就已经有罪了。有一句话玩笑说："你坐在那里看起来肯定有罪了，没有罪你干吗坐在那里？"普通法的被告人在庭审时一般都是坐在旁边或者最后，一个并不太明显的位置。明显的位置应该是法官跟双方的律师（长桌子前排），后排是大律师的委托律师，就是我们的事务律师。我们有两种律师，有机会我再跟大家讲。陪审团有它的位置，也坐在法庭旁边听审。这种座位安排反映了普通法庭审的文化。来过香港法庭的朋友都注意到了，我们的法庭多年来是没有安检的。多年前曾有内地的律师朋友问我："为什么你们的法庭没有安检？"起初我听不太明白他的问题。我问为什么要安检呢？他说："你们不怕有人闹事吗？"我们没听过这种事情，因此也没有安检。不幸的是，去年发生过有人在法庭内亮出刀来的事件，最近也开始安检了。法庭里倒有一般行为守则，包括进庭要关掉手机。我们的刑事法庭都是公开的，唯一的例外，就是未成年人案件庭审是不公开的。大家可以随时走进去，要是坐了 5 分钟后不感兴趣也可以自由离开。进出法庭只有一个要求，一般走进来的时候，我们对着法官鞠躬，就可以坐下来。这种礼貌不是对法官，而是对法律的尊重。坐在法庭里的法官代表的不是他自己，他代表的是法律。我们每一个走进法庭的人都要对法官鞠躬，然后坐下来听庭审，如果坐在那里看报纸、睡觉，那肯定就会被驱赶了。

这种庭审文化代表什么？代表司法应该公开，司法应该有透明度，司法应该受到公众的监督。公众走进法庭，就应该对司法制度表现尊重的态度，但同时，司法过程也应该受到公众监督。所以媒体、公众随时可以走进去，除了一个例外，就是未成年人，不满 16 岁的被告人案件庭审时，公众是不可以进去的。但是他的家人，他的律师都有权出席，还有媒体，辅导他或协助他家庭的社会工作者都可以出席。而且，对于未成年被告人，法庭案件名单上不会披露他的名字，他的身份是受到保护的。这是唯一的例外，没有透明度的案件只是涉及小孩子，其他刑事案件全都是公开的。

上个月有些内地的律师朋友来香港参观高等法院，我带他们去参观了一宗强奸案件庭审，受害人是女性。这些案件的审讯都是公开的。为了保护受害人，当这个女性受害人作供的时候，她的背后放了块屏风，完全挡住她的身体，当然也挡住了她的脸孔，旁听席的人，包括媒体记者都看不到她，她坐在那里，讲话的声音庭内的人都能听到。法官、律师、陪审员能看得到她，但是公众看不到。法庭的公开性、透明度，就是这样保持的。

一旦有了这种透明度、公开性，那么无论是法官，还是律师，他们在庭上的行为，他们的表现，他们能够表现出多少水平，公众都可以看得到。对于诉讼律师和法官来说，这种监督，我想大家都认同，是有必要的。执行司法如果没有这种公开透明度的话，司法是很容易败坏的。所以受公众的监督，是很有必要的。

（二）律师询问证人的技巧

1. 重视自己的仪态

作为一个诉讼律师，我们应该重视自己的仪态。大家千万不要低估个人的仪态、礼貌、态度所能发挥的影响。大家想一想，如果一个证人出庭的时候，坐在那里接受问话，他的诉讼律师的个人表现，令他觉得这是一个文明、讲道理、有礼貌的人，对于这个证人来说，他回答问题的时候自然比较舒服一点，而且更重要的，他的戒备心会降低一点。试想我是一个辩方律师，此刻我面对一个控方证人，我马上要通过诘问，测试他的可靠性，我要动摇他的可信度，要摧毁他的证言，必须要令他首先不要具有一种防备的心理（尽管这不容易做到）。我们的态度和言词要令他觉得舒服、自然，不要那么充满防御心态。而且作为一个律师，在法庭里边我们自己这种尊重的态度、礼貌的态度也是很重要的。

2. 注意语气的平和

跟证人讲话的时候，我们必须要明白，这是一个普通公民，他可能一辈子都没有来过法庭，他可能会很紧张，可能他受的教育程度不是很高。因此我们跟他讲话的时候，应该尽量用平和的语气、简单的语言、易懂的说法；发问的时候，问题尽量不要太长，短一点更好。易位设想，如果你是证人，面对一个看起来深不可测、机关算尽、内里扭尽六壬的律师，你坐在那里就是接受这个人盘问，你肯定很紧张，也不免产生抵抗心理。作为律师，要是你对证人问一条说了 3 分钟都没说完的问题，说完以后，证人的反应多半是："对不起，你刚才说什么？"这是一种非常失败的发问方式。千万不要让你的问题说了半天都没有说完，那就非常失败了。这么长而累赘的问题，第一部分说什么？第二部分说什么？第三部分说什么？这让证人如何回答？更严重的是，这让听众，包括法官和陪审团如何听得懂你想问什么？我们应该用简单的语言，用短的问题，而且一个问题只需要一个答案。我们应该尽量避免一个问题里边包含两个、三个、四个问题，否则会非常糟糕。什么叫一个问题里边包含了几个问题？举一个例子："证人，请问你 8 月 23 日那天去了什么地方？做了什么事？见了什么人？在见了什么人以后还去了哪里？"这就最少有四个问题包含在一个问题里边，是一个非常差劲的问题。因为那个证人可能记不牢你的问题，更甚者，这样问问题，范围太广之余也不够清晰具体，因而证人可能给你引入很多无关又无聊的数据，例如他会回答说："那天早上我起来的时候已经有点晚了，然后我就有点着急，匆匆换了衣服来不及打点、然后我做什么什么……"他会回答很多不相干的事项，因为你的问题扰乱了他，他以为你要求他巨细无遗交代 8 月 23 日那天做了什么，你的问题里边包含那么多问题，所以他只会给你一个很长很长的论述，枝节末梢、沙石碎屑不缺，独是没有准确回答你的问题。

3. 有层次、按步骤发问

我们问问题的时候要一步一步来，例如：

"证人，8 月 23 日那天你大概几点钟起来的？"

"7 点钟。"

"你那天有出门吗？"

"有。"

"是几点钟出门的?"

"我大概 8 点钟出的门。"

"你去了哪里?"

"我去了和平门和平里。"

"你去那个地方做什么?"

"那是我工作的地方,我上班去。"

"你几点钟到了上班的地点?"

"大概 9 点钟。"

我们把一个场景分成好多部分,好多小问题,慢慢来问,不要着急,一点一点来问。那个效果会变成什么样呢?效果就变成这样:这个证人回答你的问题的时候,好像他每一个答案都是一个小片,但是加起来,旁边听审的法官、陪审员或者所有的公众都听得很明白,而且更重要的是,这个证人回答的时候,不会含糊,也不会模糊,答得很清晰。因为你的问题简单、具体、清楚,所以他的答案就很简单、具体、清楚。

我们经常说一句话:证人的答案的素质有多好,就看你的问题的素质有多好。你的问题的素质越好,他给出的答案的素质就越好。引导证人回答问题的时候,要让他非常清楚你想知道什么,他也自觉容易回答你。还要有一个好的效果:保持问那么简单、那么短的问题,令证人越来越觉得他好像在跟你进行普通谈话一样,令他不感到困难,而是越来越舒服,越来越安心,越来越愿意跟你谈话。一个对手如果能跟你接得上轨的话,往后你问一些更复杂问题的时候,就比较容易一点。这些技术原则我们都要明白。

4. 让证人的回答尽量简单

我们在对一个证人发问的时候要知道,其实我们从师学习的时候已经被教晓一些简单的原则，这些原则是凡有经验的庭审律师都常放在心里的指导原则：问问题的时候，最好尽量令你的证人回答你的问题，给出"是"或者"不是"的答复，英文就是"yes""no"，即尽可能令证人只给你回答"是的""不是的""我相信是这样""同意""没错"，或者是"有可能""大概是这样……"。为什么要这样？等一下我详细讲。另外，这种"yes" "no"，"是""不是"的问与答方式，尽可能保持在你开始盘问（"交叉询问"）的开头 10 多分钟，这是最有效的、令证人心理上更愿意配合你回答的方法。如果这个证人不停地回答"是""我想是""不是""是的"等，就反映出他在一连串的事项或议题上同意你或者与你的立场一致；对于陪审团来说，他会觉得这位律师发问得很有效，很到位，而且很可信。因为你每次发问、证人都同意你的问题，经过 10 多分钟，陪审团会有一种心理上的感觉，觉得你所代表一方的证词很可信。所以我们要尽量用简单、简短的问题去发问，尽量令证人用"是"或者"不是"来回答你。谈到这里，大家会渐渐明白，在盘问中律师该有预期及控制证人如何回答问题的技巧和能力。

5. 不要询问自己不知道答案的问题

还有一点，我们在心里要牢记，我不知道各位律师朋友们有没有注意到这一点，就是在庭审过程当中发问的时候，我们尽量不要问一个我们不知道答案的问题。刚才我说，要尽量使证人的回答与我保持一致，大家可以理解我还有更重要的意思吗？你问一个问题的时候，要能知道或估算这个证人的答案是什么，这样一来才好问，如果你对他将会给你的答案不肯定的话，即你心里没有一个底的话，最好不要问，因为这是冒险的，存在风险。风险在哪里？你不知道问题的答案，如果证人对你的问题给了一个你不知道的答案，而那有可能是你最不想听到的答案的时候，往后你发问可能会陷于非常非常被动的境地。我们要小心这一点。

6. 通过盘问陈述己方证据与立场

在往后发问的时候，有一点是普通法的律师必须要做的，这个技巧性比较高，对技巧的考验和难度是比较高的：作为一个辩方律师，在盘问控方证人的时候，必须要懂得通过问题把我方的版本说法（即抗辩立场或抗辩的事实理由）清楚地向对方提出来。例如一个抢劫案件，控方的主要证人就是受害人，他的庭审证词是说被告人当时企图抢劫他的钱包，如果我方的抗辩说法是这根本是一场误会，被告人根本没有要拿证人钱包的意图，只是他们当时在吵架，发生了语言冲突，产生了误会，证人以为被告人要抢劫他。作为辩方律师，你必须要把辩方这个事实在盘问控方证人的过程中向证人清楚具体地指出来，要求证人确认他是否同意这一立场。具体可以这样说：

"证人，我向你指出，事实上被告人当时根本没有跟你要你的钱包，同不同意？"

"我不同意。"

"我也向你指出，被告人当时根本没有做出什么动作要拿你的钱包，我强调：他没有动作，只是你误会了，同意不同意？"

"我不同意，虽然他没有明白说要跟我拿，但是他的目的已经很清楚了。"

"我再向你指出，也希望请你确认一点，他从未有动手拿你的钱包？同意吗？"

"那倒没有，但是我觉得他确确实实是这么想的。"

到了这个阶段，证人已经有一点点动摇，你已经把你最后的辩护立场提出来了，在以后法庭辩论（或最后结案陈词）的时候用。这种指出己方证据和立场、指出双方关键分歧之处的做法，是至为重要的，除了对证人公平，及令法庭更清楚准确地掌握双方分歧之处以外，更重要的是可以避免在最后陈词（即内地庭审辩论）阶段变成各方自说自话而双方辩论却永不接轨的尴尬境地。

所有这些技巧，在过程当中，我们都必须要使用出来。讲到这里，各位也许明显感觉到我是站在一个辩方律师的角度讲话的。在庭审当中，除了辩方律师一方，还有检控方，公诉人也是一个律师。在普通法里，公诉人、辩护人双方都是大律师。香港没有检察院这个部门，但是有一个政府部门叫律政署，律政署里边有一个刑事检控组，他的功能就是内地检察院的功能。这个检控组负责所有的刑事检控或公诉。香港有一个制度，因为检控组的律师数目是不够的，律政署检控组经常把部分刑事检控的工作、检控的案件委托给外面的执业大律师，代表他们检控，所以香港的诉讼律师经常会接办检控的工作。作为一位刑事律师，你今天可以当辩护律师，明天或者下一周可能受委托接办检控组的案件，暂委检控大律师。用我们的语言开玩笑说，今天你代表魔鬼，明天你可以代表天使，没有冲突，我们完全没有心理不平衡的感觉，都只是工作的一部分。

四、交叉询问的规则

控辩双方都是大律师，但是检控大律师进行发问，跟辩方大律师是用两套规则的。

（一）"引导性问题"概念的厘清

这方面我必须要在这里跟大家说得很清楚，关于这两套规则，我自己这么多年有一个观察，我发现内地的庭审，尤其是举证过程当中，有些概念未弄清楚。允许我大胆这样讲，是搞错了。搞错在哪里呢？大家都听过"诱导性问题"，是吗？诱导性问题，从今年初在我们这个研讨会里边，我们谈了好多好多。我把我的观点说了好多次。我很不喜欢"诱导"这两个字，很负面。香港的翻译是"引导性问题"，不是"诱导"，"诱导"好像有一种诱惑他人作假的意思，香港称"引导性问题"，英文叫"leading question"。

我刚才说弄得不清楚或者弄错的，就是引导性问题是什么，包括引导性问题有什么意义，这个概念仍未搞清楚。我听说最高人民法院有一些指引，说不许问诱导性问题，大概是这个意思。首先，从这一刻开始，我会尽量避免使用"诱导性问题"这个词，我会使用"引导性问题"这个词，我所指都是同样的问题。对我们来说，我觉得在庭审过程当中，包括民事、刑事庭审，如果不能问引导性问题，不使用引导性问题的话，这个庭审根本没有意义，不可能达到庭审的效果，证人即使出庭作供也是成效不彰的。普通法的庭审，引导性问题不止可以问，而且还必须问、应该问，不问的话，你根本弄不清楚事实。现在让我把这个制度背后的精神、原则讲出来，相信大家对这个道理就会非常明白了。

什么叫引导性问题（或者诱导性问题，也称封闭性问题）？大家能给一个定义吗？引导性问题的定义其实很简单，就是这个问题已经把答案包含在里边的意思。如果我问一个证人："证人先生，8 月 23 日你是不是早上 9 点钟去上的班？"我想跟他要的一个答案，即 8 月 23 日 9 点钟他去上班的事实，已经包含在问题内给了他，让他确认我的这个问题。这就是一个引导性问题，答案已经包含在问题里边。能不能问引导性问题？答案分两方面看：要是检控方（公诉方）传召的证人作供的话，原则上检控方不能问引导性问题，除非那些事实是没有争议的，而为了节省时间检控方可以提出引导性问题，简单直接让证人确认一个同意事实便行。换作代表被告人一方盘问该控方证人的话，问引导性问题绝对没有任何限制，辩方有权以任何引导性问题向控方证人发问。

（二）检控方询问的规则

1. 非经辩方同意不得询问引导性问题

我刚才说，要区别公诉人、辩护人两方发问，因为两方发问有两套原则。原则就在这里：公诉人或者检控方引导他的控方证人作供的时候，一般来说，除非辩方同意那是不争事实，否则控方不应该问引导性问题，应该问开放性的问题。因此，开庭的时候，控方传召己方的证人，我就用一个暴力伤人的案件做例子吧！控方其中一位证人说他目击一宗暴力罪案的发生，有一个男人在路旁打伤一个女人，当时他途经现场，在路上看见了过程。他出庭作供，检控方可能这样开始问他：

"证人先生，8月23日早上你记得发生了什么事吗？"

"我记得。"

（**注意**：以上这问题的毛病是有点太广泛、不太具体。当然，检察官更不能引导性地问："你在xx路有看见被告人打人吗？"）

检控方正常来说是这样提问的：

"8月23日早上你做了什么？"

"我早上离家去上班。"

"你是几点离家的?"

"大概 8 点钟。"

"离家往哪儿走?"

"往和平路。"

"你往那里做什么?"

"我等公交车。"

这时候,控方的大律师不能问"在等公交车的时候,你有没有看到被告人打一个女人?",这是一个引导性问题,而且是核心、有争议的事实,是不允许的。为什么不行? 这等于用引导性问题帮助证人去确定控方想要证明的一些事实。控方负有证明被告人打了一个女人的责任,控方要建立这个事实,但不能在发问时通过引导性问题帮助目击证人去确认控方想要的事实。控方必须问开放性问题,因此不能问"你在等车的过程当中有没有看到被告人打一个女人?",这种引导性问题是必定要遭到反对的(除非辩方同意;但在重要及极具争议性的证供上,期望辩方同意倒有点不可思议!)。在这关键又极具争议的证供上,作为检控方,你应该这样问证人:"当天你在等公交车的时候,有什么事情让你特别注意?" 或者:"当时从你的位置能看到对面路吗?","有没有事情引起你的注意?" 这时,案件证供最争议之处便开展了:

"在等公交车的时候有什么吸引你的注意吗?"

证人就会回答说:

"当时我看到对面的马路有人打架。"

"你看到对面打架涉及多少人?"

"两个人,一个男的、一个女的。"

"谁打谁?"

"男的打那个女的。"

这时,马上有另外一个问题出现:那个男人是谁?因为这个证人肯定不认识本案被告人,他只是从路这边看到对面有人打架,他肯定不知道他是谁,更不知道他的名字,也许样貌都没有看清楚。控方肯定非常渴望证人指出被告人就是当时打这个女受害人的那个人,如果公诉人在庭上问:"证人,是不是这个被告人打的那个女的?"这问题肯定不许可,公诉人是以非常不恰当的引导性问题让证人确认被告人就是那个打人的男人,那引导性问题就是帮助这个证人作供(除非辩方对被告人身份没有争议,同意控方在关键证供使用引导性问题)。此时公诉人只能这样问这个证人:

"你看到那个男的打人的时候,能看得清楚吗?"

"清楚。"

"那个男的有多高?"

"跟我差不多,一米七多。"

"什么年龄?"

"30 岁左右。"

"穿什么衣服?"

"(证人描述他的衣服)"

"证人请你看看这个法庭里边,看看当时你说打人的那个男人在不在这里?"

"哦,就是他。"(证人在庭上指出被告人)

大家想一想,刚才我一开始说,在法庭里边,被告人坐在中间的位置,像准备接受处决一样那么难过,如果你要证人指出那个打人的人，那当然是他了，还能有谁，那有什么难。他坐落的位置看来已经证明肯定就是他，所以这个座位安排是有点问题的。

2. 检控方应当用开放性的问题询问目击证人

一般来说，如果在我刚才举的这个暴力的案例当中，证据上已经牵涉一些比较复杂的地方，就是这个证人辨认被告人的证据。当时他是在马路的对面，我们不知道这马路有多宽，也不知道距离有多远，证人说他看得很清楚，年龄、衣服、身高都可以描述出来。他真有这么棒？然后公诉人马上就问他：

"你看到他打人是怎么打的？"

"我看到他拉着那个女的的衣服，那个女的跟他挣扎，然后我看到他去打那个女的。"

"用哪一只手？"

"他左手抓着她的衣服，用右手打的。"

"打她哪里？"

"打她的头，打她的脸。"

"打了多少次？"

"我看打了四五次吧。"

"那个女的怎么做的？"

"那个女的就大喊，挣扎。"

证人就把整个过程描述了出来。公诉人必须要用这些开放性的问题来问这个目击证人，不能够问这个证人："当时你有没有看到这个被告人用他的左手抓着这个女的衣服啊？"，"你有没有看到被告人用他的右手打那个女的？"，"你有没有看到他打了她的脸、她的头有七八次？"，"那个女的是不是挣扎得很厉害？"，这样一连串的引导性问题不妥当在哪里？这根本是公诉人在主导着证人、在帮助这个证人作供，把控方的案情请这个证人确认一次，用俗语说是把答案"塞进"证人嘴巴里，使证人的作用就只是用来确认公诉一方的事实版本，那是没有意义的。这种所谓的引导性问题是绝对不允许的，一句都不允许。

　　根据我刚才所说，例外就是除非辩方同意以上的事实。辩方能同意什么？很多时候在这类型案件当中，辩方不会对 8 月 23 日差不多早上 8 点钟左右，在某一条路上，这个被告人跟他的老婆或者他的女朋友都在场有争议。但是"吵架"可能不会同意，"打架"更不可能同意。辩方多半同意他们二人当时在场，其他的控方的证供事实什么都不同意。公诉人可以以引导性问题问这个证人所有双方都同意的事实："当时你有没有看到对面路上有一个男人，就是这个被告人，跟一个女的，跟他年龄差不多，站在一起？"为什么他可以这样用引导性问题？因为辩方同意，同意的事实就可以用引导性问题讲出来。道理就在这里。

　　（三）辩方询问的规则

　　1. 辩方询问的策略

　　换到被告人的律师来盘问，如果我们是代表被告人的诉讼律师，我们准备怎么样交叉询问这个证人？他说他看到这个被告人打一个女人。我们应该怎样盘问他？首先我们必须要心里有几个策略：我方同意什么，不同意什么，同意到什么程度。例如：同意他们一男一女都在场，同意他们当时可能发生了一些不愉快的事情，可能有些争执、吵架，但是其他的事实我们都不同意，打人的事实当然也不会同意。我们必定要清楚地知道我们同意什么，不同意什么，承认什么，不承认什么。好了，这路上当时有一个第三方、第四方的证人，说看到被告人怎么抓住她的衣服，用手打她。这证人在这方面的证词我方不同意。刚才开始的时候我说，盘问的一项重要目的是动摇证人的可信性。我该怎么动摇他？证人说他看到事发经过，作为辩方律师我要证明和指出这证人是看到了但看不清楚，我要证明他夸大他的证词，我要证明他好多思想都是主观臆测、妄断虚构出来的。因为普通人的思想真的是可以虚构的，我想大家明白我的意思。看到人吵架，我们第二天说成他们从口角演变成动武。看到人在推撞，第二天我们跟公安说他们扭打得很厉害。人看到事情以后，他的思想网络是可以很复杂的，他可以把看到的事情夸大得很厉害，但却能振振有词，把自己的话当作真理。所以被告人的律师必须要测试这个控方证人是否诚实可靠，他的证供是否容易动摇。但在测试之前，辩方律师必须要很清楚案发当时的整个过程。如果我是被告人的律师，我注意到控方证人说他看到对面马路有人打架的时候，我肯定需要弄清楚那个环境是什么，他说在公交车站等车，能看到对面马路，那条是什么路？那条是北三环路还是某胡同外面的一条小街道？差异在哪里？一条环路动辄每一边有四条线，总共八条线以上，胡同外边一条小街，只能通过两部车，或者只容几辆自行车走过。对面马路是什么意思？对面马路可以宽 20 米，也可以宽 5 米，所以我必须要弄清楚。而且当时是早上 8 点钟，上班繁忙时间交通如何？我心里肯定已经有一个盘问证人的方向：这个证人看东西看得不清楚。他实际观察的准确可靠程度低于他主观相信自己的能力。

那我怎么去测试动摇他呢？盘问由简单的事实开始：

"证人，你刚才说你当天 8 点钟出门去等公交车，是吗？"

"是。"

"当时你肯定想着办公室的工作是吗？"

"是啊,也想我家里的小孩子,很多事情。"

"当时是 8 点钟,车站人多吗?"

"挺多的呀。"

"你说挺多,因为当时是上班时间,是吧?"

"是,上班时间人当然多了。"

"路上交通也堵?"

"堵啊!"

"8 点钟的时候开始堵车了吗?"

"是啊,这城市繁忙时间几乎没有不塞车的。"

(这些问题都好像跟他对话一样,但是令他觉得这个律师对他没有什么恶意,没有什么敌意。)

"后来你坐上公交车离开了?"

"是的。"

"公交车上面其实很挤,是吗?"

"挺挤的,我们那条线特别挤。"

"那条是和平路,对吗?"

"对。"

"是非常繁忙的,是吗?"

"非常繁忙。"

"那条路是不是来回每一边有三条线?"

"是,三条线。"

"加起来六条线?"

"是,六条线。"

"六条线,那么从你站的位置到对面,我估计应该最少有 25 米了吧?"

"不止,差不多 30 米。"

（他越来越同意你的事实）

"而且路上车开始有点堵了，是吧?"

"对。"

"证人，如果想象现在我们回到和平路公交车站现场，我们站在同一个位置，看到差不多30米对面的马路，中间有好多车来回，而且堵车，那么你能否清楚描述对面路上有多少人，有什么人走过?"

"都可以看到，但是偶尔不太清楚，有些不太清楚。"

刚才他说得振振有词，看到男的抓住女的衣服怎么打她，后来变成了他看得不太清楚，大家觉得他的证据有没有开始有点动摇? 肯定，在陪审员听起来，他刚才有点夸大自己。然后过程当中，他说了男人打了女人几次。

"过程当中，在你跟那男女的距离当中，完全没有车经过吗?"

"也有车经过。"

"不止经过，堵得停止不动，对吗?"

"也有的。"

"有车经过的时候，你就看得不清楚了吧?"

"有车经过，我当然看得不清楚，但是没有车经过，我就看得很清楚。"

"所以你看的就是一部分，是吗?"

"是。"

"那在过程当中，你有看到那个女的打那个男的吗?"

"我没看到啊。"

"有可能路上车多，视线被阻挡了?"

"有可能。"

"那男女二人的动作，全部过程看不清楚了？"

"有部分看不清楚。"

"你能排除女的也有打那个男的吗？"

"那我不敢排除，不好说，因为没看到。"

"当时你看到男的打那个女的，没看到女的打那个男的？"

"那我就不肯定了。"

"那么，你当然不清楚他们这肢体冲突的起因了？"

"不知道。"

当证人说了很多所谓的"不肯定"，"看不清楚"，"不知道"时，他的证供有点动摇，事态原因始末也不那么确定了。我想刑法方面，打架伤人这种案件，内地法律跟香港有不少相似的地方。有一个刑法常用的辩护理由就是自卫或称防卫。如果控告我打人，我辩护的理由是自卫，因为是对方先向我动武的，于是，控方指当时那个男的打伤那个女的，辩方的立场就是女的先动手打了男的，男的只是自卫。要是控方非常依赖这位第三方证人的证供的话，以上的盘问结果，就显示控方的举证不能说完全没有疑点。所以我们必须要在询问证人前先把事实弄清楚，心里有了一个案发过程的"图像"，就是这道理。

2. 非法证据排除的询问技巧

好多年来，我们内地办理刑事案件的朋友都面临一个谈论了好久的问题，就是排除非法证据。刑讯逼供这个问题，好多年前我记得我们在北京也有一个模拟的示范，律师还有检察官、法官示范排除非法证据的一个程序。当时有一些香港来的大律师，包括我们请了一位香港的高等法院的刑事法官过来担任法官，在这个模拟审讯里面，示范香港排除非法证据的过程，有录像，有机会大家可以找出来看看，双方可以观摩比较一下。如果我们碰到一个排除非法证据的盘问，我们该怎么问？我举一个例子，一年多前讨论到一宗刑讯逼供案，据说某一位刑辩律师所代表的被告人说他受到公安刑讯逼供。律师表示：按照我们的刑诉法，我们可以传召公安人员来接受盘问。他跟法院申请传召公安人员到庭接受质询。法院果真发出命令，公安人员也果真来到法庭接受诘问。这个公安人员就坐在他面前了，这个律师是怎么来询问刑讯逼供的？他问的第一个问题居然是："你有没有刑讯逼供？"这是个糟糕得不能再糟糕的问题。你想你是那个公安人员，你会怎么回答？难道你会承认有吗？而且这个问题违背了一个重要原则，普通法和内地都有这个法律规定，就是不能强迫人自己证明自己有罪。大家都明白这个原则，人不能被迫自证其罪。如果你问这个公安人员他有没有刑讯逼供，如果他说有的话，等于要他承认自己犯罪，这个问题根本就是要他自证其罪，已经违背了一个很根本的原则。

在普通法里边，如果你在庭审中问这样的问题的话，我们的法官会怎么样干预？法官肯定对这个证人说："证人，这个问题你可以不用回答。"就这么简单。而且，这是个非常不专业的问题，为什么呢？首先，问问题的时候，你肯定知道对方只会有一个答案：否认。如果对方否认的话，你已经非常被动了，就不能再往下问了。刚才我说了，其中一个发问的技巧是：不要问一个不知道答案的问题。我再补充一点，如果我们预见某一个答案将会出现，而且那是我们不想要的答案的话，我们就应该避免问这个问题。如果预料到这个公安人员肯定会否认的话，我们应该从开始便避免这个问题。但听说这位律师还继续问了第二个问题："如果你没有刑讯逼供，为什么被告人的身体有受伤？"要是你是那位公安人员，你会怎么回答？"我怎么知道。"就这么简单，他更可能心里嘀咕："你为什么问我？为什么不问你当事人？"关于庭上交叉询问的准备工作，我刚才只是说在庭上的一些简单技巧，还未说庭审开始之前，律师如何做很充分的开审前准备。充分的准备对我们来说太关键了。准备到什么地步？我们的客户，我们所代表的被告人跟我们说了什么，我们要把事情跟他了解得很清楚，问得很细，准备好，才会拿到法庭上面进行盘问。一点重要的工作指导原则是：勿遗漏细节。

如果我所代表的被告人告知我他曾受到警察刑讯逼供，要是我们等到案件开审、面对这个警察的时候，才开始问他"你有没有刑讯逼供"，这只会表现出专业水平的不足。此刻，相信大家心里肯定想问我：如果不这样问，我们该怎么样问才对？

是这样，在考虑怎样诘问警察之前，首先要做充分详尽的准备工作。怎么做这个准备工作？首先当然是会见我的当事人。跟我们的客户见面、开会的时候，我们肯定会很详细地掌握他遭受刑讯的过程，向他了解事情始末，然后作详尽的笔录：

"你说你受到刑讯逼供，首先，你是哪一天被逮捕的？"

"8月1日。"

"8月1日你在哪里？"

"在家里。"

"几点钟？"

"早上差不多6点钟。"

"地址？"

"（写下来）"

"你家里有什么人？"

"我老婆还有我女儿。"

"女儿几岁?"

"3 岁。"

"还有没有其他人?"

"没有了。"

"当时 6 点钟发生了什么事?"

"当时我们还没起床,突然有人敲门,然后我就去开门了。"

"你开门的时候穿好衣服了没有?"

"早上衣服我穿得乱七八糟的,穿得睡觉的衣服。"

"开门的时候发生了什么事?"

"一开门就冲进差不多七八个公安人员。"

"男的还是女的?"

"一个女的,其余都是男的。"

"穿制服吗?"

"有四五个穿制服,其余两三个穿便服。"

"你认得他们吗?"

"有一个认得,有些不认得。"

"为什么认得他?"

"因为他问了我好多问题,好像是领导。"

"他对你做了什么?"

"他拉着我的衣服把我推到沙发上面,指着我就骂。"

"他骂你什么?"

"(骂的内容都详细逐字地写下来)"

"然后他还说了什么?"

"他要我承认,'你知道你做了什么事,你要老实承认'。"

"他要你承认什么?"

"他没有说,我也不知道他要我承认什么。"

"然后呢？"

"然后其他人就在我家里搜查。"

"他们进来的时候有没有出示什么文件？"

"什么都没有。"

"有没有搜查令？"

"没有。"

"逮捕令？"

"没有。"

"有什么身份文件吗？"

"没有，只是有穿制服而已，我知道他们是警察。"

"你家人当时有什么反应？"

"我老婆、女儿吓得快死了，我女儿在哭，我老婆也在哭。"

"然后他们对她们做了什么？"

"他们指着我老婆骂，而且威胁我，如果我不承认，就把我老婆也抓回去。"（骂了什么，包括恐吓语言，逐字把整个过程都写下来。）

"然后他叫你做什么？"

"他把我家里搞得乱七八糟的，搜查。"

"最后呢？"

"把我带走了。"

"带走的时候是几点钟？"

"差不多7点。"

"6点到7点一个小时，他们在你家里做什么？"

"就是乱搞，骂我们，恐吓我老婆。"（细节都写下来。）

"他们还说了什么话？"

"（逐字笔录）"

"谁说的?"

"领导说了,还有三个穿制服的。"

"那个领导说了什么?"

"(逐字笔录)"

"其他人说了什么?"

"(每个人都记录下来)"

"那个领导叫什么名字?"

"好像姓李,全名不知道。"

"有多高?"

"(记录下来)"

"有多胖?"

"(记录下来)"

"穿什么衣服?"

"(记录下来)"

"有没有编号?"

"(全都写下来)"

各位朋友,为什么我们要写得那么细?没有这些材料,我们在庭上凭什么进行盘问?

"后来到了 7 点钟他们做了什么?"

"7 点钟他们把我带走了。"

"从家里带走是吗?怎么往外走的?"

"我住在七楼,坐电梯到楼下,带我走的。"

"你当时穿什么衣服?"

"就穿我早上起床的衣服。"

"就没有了?"

"没有了啊。"

"有没有戴上手镣?"

"有啊。"

"那把你带走的时候有没有人看见啊?"

"有些邻居看到我,我在这里住了那么久,他们都认识我,我非常尴尬,他们都看着我。"

"然后过程当中他们有没有讲话?"

"他们立即把我带走,故意大声讲话,都是令我尴尬的。"

"然后呢?"

"把我带到外面,把我放到警车里面。"

"警车上有多少人?"

"警车上连同我有一、二、三、四、五,五个人。"

"谁开车?"

"开车的我不知道,没有进我家。"

"司机旁边是谁?"

"司机旁边是进我家的其中一个人。"

"你的左边是谁?"

"左边就是刚才好像领导一样的那个人。"

"右边是谁?"

"(车上的人全都把它记录下来)"

"在车上发生了什么?"

"在车上,坐在司机旁边的那个人,开车的时候,掉过头来,打了我一个耳光。"

"为什么那时候打?"

"在车上,外边没有人能看到,他们就打我。"

"为什么他要打你?"

"他说：'等一下我们回去给你调查的时候，你不老实的话，我更要你好看。'。"

我告诉各位，全世界的警察都有可能干这个事情，任何地区的警察在没有人看到的情况下都可能这样做，所以辩护律师是不容易相信警察的。我们肯定用这个立场，基于被告人提供的指示来盘问警察，所有这些事情都要在庭审中询问，尤其是在非法证据排除程序中通过质证展示讲出来，包括那些威胁的话。

回到公安局，被告人可能 24 小时、36 小时不能睡觉，被提问七八次，每次由不同的人，重复问同样的问题。提问 45 分钟，扔回去，10 分钟后又带过来问，不能睡觉，这样问问题。各位朋友你们想一想，刑讯逼供的过程，其实根本在警察进他的家门那一刻就已经开始了，如果我们问这些公安人员"你有没有刑讯逼供"的话，这是一塌糊涂的问题。整个所谓的刑讯逼供根本就是一个很长的过程，有很多细节，很多事情发生，而且用的手法不同，有时候是用语言恐吓，有时候是用粗暴的态度，有时候就是恐吓他的家人，对他的家人用所谓的压力，有时候是用暴力去打他的脸，有时候是不许睡觉，刑讯逼供可以很复杂。所以整个过程当中，作为一个刑辩律师，如果我们手上没有拿着那么多材料，没有掌握所有（被告人提供）的事实，我们怎么懂得去问？我们哪有基础去质询被指使用了刑讯的警察？因此，在所谓询问的过程当中，我们可能不止要传召一名公安人员出庭，按照我刚才说的那个案例，这根本就是一整队的公安人员先后不同形式参与刑讯逼供。我们虽然不知道他的名字，不知道他的编号，但是知道他有多高，有没有穿制服，男的女的，至少有些基本的个人资料。所以要求他们出庭的时候，我们至少手上有一些材料，有一些根据。证人来的时候，就是那个 40 多岁，好像领导一样，曾抓着我的客户，把他推到沙发上，骂了他一个小时，说了一些威胁的话的人。我们对他发问时，就懂得怎么问了。因为我们手上有好多材料，我们有很充分的准备。所以千万不要以为我们所谓的交叉询问纯粹就是一个"名嘴"在发挥表演他的天赋口才，绝不是这样。所谓交叉询问的过程，其实要求你事前必须做好非常扎实的准备工作。一个重要的指导原则：准备庭审进行询问，律师的笔记本上必须先要准备好大量事实细节（particulars），那是诉讼律师的武器弹药。

这方面我有一点跟内地的律师朋友接触的经验。好多年前我们也有一个研讨会，他们示范怎么在会面中向所代表的当事人了解案情。在香港我们称为"取得指示"（taking instructions）。我发现，律师朋友们在过程中都遗漏了好多细节，而且很多都是很关键的细节。我们律师除了应该懂得整体地、通盘来看案件，也应该有一种看细节的能力，千万不要遗漏了重要的细节。这些都是我们在准备过程当中必须牢牢记住的。

美国国家讼辩研究所（National Institute for Trial Advocacy "NITA"）归纳出十条原则，我觉得那是很有用的。其实刚才我已经谈过一些，我们可以很快看一看这十条原则。

（1）简洁、简短、简明。

（2）用简短的问题和通俗易懂的语言。

（3）如果可以的话，尽量用引导性问题。

（4）认真听证人的回答。

（5）除非别无选择，否则永远不要问你不知道答案的问题。

（6）永远不要让证人有机会进行解释（换言之：只容许他讲述事实）。

（7）永远不要让证人在交叉询问时重复在主询问时作出的对

你不利的证言。

（8）永远不要与人争吵。

（9）避免重复同一问题。

（10）最终观点与意见的表达，留待总结发言。

我们发问的时候，应该用一些简洁、简短、简明的语言。刚才大家听我这样说，都会了解它的重要性。简短的问题，容易懂的语言，然后如果可以的话，用引导性的问题。我刚才说过，为什么引导性问题不止可以问，而且必须要问？因为如果没有引导性的问题，庭审根本就没有意义。我想再指出，引导性问题（leading question）固然可以问，那么什么问题绝对不能问？答案是：在任何情况下，"误导性问题"（misleading question）都不能问，意思是指没有事实基础或根据，故意带有欺骗性、误导性的问题，绝对不能问，这不止构成误导法庭，而且违反律师专业操守。等一下我会跟大家深入解释。

3. 认真听证人的回答

对于证人的回答，经验不够的律师经常会听错，误解证人的答案。对证人的答案，我们必须要听得很清楚。我们经常一面听证人回答问题，一面做笔录，就是要把他的回答一字一字记录下来。为什么呢？因为有时候证人会改变自己的证词，他可能讲话不太清楚等。我们认真听他说话，盘问的时候，要他弄清楚他的说法。刚才说过，除非没有选择，否则不要问你不知道答案的问题，为什么这样讲呢？因为如果我们问一些我们不知道答案的问题，是有风险的，证人有可能给我们一个我们不想要的答案，令我们准备好的整个系统都乱了套，整个基础都可能移位、方向偏离、脱轨，那可不是小事情！所以除非没有选择，我们要尽可能避免问一些冒险的问题。这个等一下我会再深入一点解释。

4. 不要让证人有机会去解释

让证人说出事实和让证人解释事实是不同的。举一个例子，比如今天我们应该是 8 点半在这里开会，我刚才走进来的时候已经快 8 点 35 分。如果我问证人：

"证人，那天定了几点钟开会？"

"定了 8 点半。"

"你到了会场的时候是几点钟？"

"8 点 35 分，是这样，我当时堵车……"

"不用解释，我只是想知道事实而已。定了 8 点半开会，你到达的时候是 8 点 35 分，对吗？"

"对。"

"谢谢你。"（下一条问题）

不要给他机会解释，因为给他机会解释的话，每个人总会主观上以为你在责备他做错事，每个人都有一种防备或者防御或者抵抗的情绪。证人以为 8 点半开会，自己 8 点 35 分走进来，律师企图借口责备他迟到，他想解释。我们可以向他声明：我们不是责备你，我们只想弄清楚客观事实，其他的不要讲，如果我们要求你解释，我们会提出问题，到时再说也不晚。这个我们称为什么呢？用我们的语言就是我们控制着这个证人，把这个证人控制在我们"问"与"答"的掌控中，我们要他说什么，他说什么，规限在问题范围内，其他多余的不必讲。

5. 不要在交叉询问的时候重复刚才他方询问的时候证人曾经作出的对你不利的证言

有一点刚才我没有说得很清楚。是这样的，我不知道内地的庭审跟这里有没有相像的地方。普通法的庭审，例如一宗刑事审讯案件（也包括民事），就好像足球比赛一样，有上半场、下半场。上半场是控方证人轮流作供，然后是辩方逐一盘问该等证人。到了下半场辩方证人轮流作供（辩方也有权选择不作供、不举证，保持沉默），然后控方盘问该等证人。上半场的时候，控方引导证人作证，过程当中证人可能说了一些对被告人不利的证言。辩方律师在盘问控方证人的时候，尽量不要让他重复他已经说的那些对你不利的东西。比如刚才说，控方引导证人作供的时候，他说他看到那个女的，在对面马路被那个男的打了一次、两次，或三次，打了她的脸，打了她的头等。这些证供都是对辩方不利的。当盘问这证人的时候，辩方律师尽量不要让他重复，我们别让例如以下这些对话情况出现，看得出真有点失控了，很糟糕：

"你真的看到他打吗？打了七八次那么多？有那么夸张？"
"有啊，真的有七八次啊，也许更多啊！"
"没有吧？"
"不，肯定不会少于七八次，我看的真啊！……"

如果你这样问的话，等于给这个证人一个机会，把他刚才对你方说的不利的证据讲得越来越细，越来越具体，越来越坚定不移。更加不智的问题，例如和证人争辩男被告人打了女受害人多少次："你刚才说她被打了七八次，是什么意思？不可能吧！最多只有五六次吧？"辩方想指出证人夸大说词，但这策略其实更糟糕。因为越说得多，他越坚持自己的意见，越不愿意退让，那就对你越不利。在盘问的时候，你的注意力不是男的打了女的多少次，而是这证人看得不清楚，女的打了那个男的，证人却没有看到。事实是那个女的把那个男的先打了，是男的被打得先跑，不是那个女的被打后跑掉，是男的打不过她，但是他没有看到。

我们应该重点在那些地方。（当然，以上情节的基础必须建立在被告人给予律师的指示之上，律师不能凭空捏造事实！）

6. 永远不要与证人争吵

永远不要与证人争吵。我不知道大家有没有在庭审当中遇到过一些态度傲慢的证人，我们经常遇到。我们经常教导法律学生或者我们的徒弟说，我们的"EQ"，即我们的"情绪商"，应该保持很高。大家都知道什么叫"IQ"，即"智力商"，我们当然希望自己的 IQ 高，但是情绪商更应该高。什么叫情绪商？保持冷静沉着的能力，保持情绪稳定，在庭审中千万不要动气，千万避免受到证人挑衅时，按捺不住跟他们吵架。

我们经常有机会遇到一些证人，你问他问题，他觉得你对他不客气（虽然你心里其实没半点冒犯之意），就会反问你。例如，你指出他在案发现场看得不清楚，他会反驳："你说我看得不清楚？律师先生，难道你能看得清楚吗？你试试去，站在那个位置，你能看到吗？你告诉我，你能看得比我更清楚吗？"证人往往会使用这种近似挑衅律师或反唇相稽的问题反问你，这情况是常有的。各位朋友，面对这种状况你会怎样应对？如果你响应这个证人说："如果我站在那里，我肯定能（或者不能）看得清楚！"那你就犯了一个严重错误。是什么呢？你是律师，不是证人，你怎么能说如果自己站在那里，会看得清楚或者不清楚？你根本不应该回应他，这是让证人来讲的话。当我们受到这种挑战，记着，提醒自己：EQ、情绪商。律师自己没能保持应该有的冷静、情绪稳定，居然跟证人你一言我一语吵起来，是不够专业的表现。

各位朋友，如果我们遇到一个态度傲慢的证人以挑衅的态度反问，我们应该怎样反应？每次我们的反应只有一个："证人先生（或女士），我在这里的任务是发问，不是回答问题，是你要回答问题。我再问你一次（重复问题），听清楚没有？现在请你回答我的问题。"就是说，我不会跟你在这里纠缠唠叨，我不会回答你的问题，因为我在这里不是回答问题，是问问题，他就没办法了。如果你上当了，你就掉进他给你设下的一个陷阱里，变成你跟他来回辩论，跟他吵架，跟他泥浆摔跤，这反映出这个律师本人的情绪商很低，也不够专业。记着：千万别跟证人吵架。

7. 避免重复同一个问题

如果有一个问题已经问过一次，那就避免重复，重复问题是没有意义的，这是第一。第二，重复问题有一个危险，什么危险呢？可能刚才你问的那个问题已经问得很好，那个证人已经给了你一个你很想要的答案，但如果你再重复问一次，他可能给你别的回答，可能是一个你不想要的答案。想一想，证人刚才可能懊悔自己一时不察间送了你一份礼物，他想："糟糕，刚才我回答得不好！"怎料你重复同一问题，他于是趁机自我纠正、给你另外一个不同的但对你不利的答案，那对你来说还不糟糕透了吗？变成有两个不同的答案，等于破坏了你刚才好不容易得来的成果。所以已经问过的问题，别再重复。

8. 区分问题和意见

发问的时候，大家要区分什么叫问题，什么叫意见。在庭审询问过程中，我们是发问，不是提意见。我们不应该对证人发表意见："证人，当时在这条马路上，车那么多，我估计正常来说你是看不到对面的，看得不是很清楚，对吗？"这不是问题，是在发表自己的意见，是问证人同意或不同意你的意见。凡这种意见，应该留在最后，面对法官或者面对陪审团进行结案陈词的时候才讲。律师不应该让证人来认同意见，证人的任务是向法庭讲述事实，意见或结论应该留在法庭辩论或结案陈词时发表。况且，要求证人发表或认同意见，证人未必同意你，那便会把你的论述效果削弱，更糟的是律师和证人辩论起来！记着，提出意见而非问题，把证人作供程序变成证人和你进行意见的交流，这是没有意义的，不是我们的任务。

（四）引导性问题的意义

为什么说我们必须要在庭审当中问引导性问题呢？如果大家充分理解审讯制度的目的，那么对于为什么要问引导性问题，就会非常清楚了。我一再这样说，没有引导性问题，庭审根本不可能有意义，就是这个道理。首先想一想：为什么我们有诉讼？为什么我们要打官司？原因当然是双方或更多方发生纠纷（dispute）了。无论是民事纠纷，还是刑事检控，双方总是各执一词，每一方都有他的事实版本，各有各的一套说法、理据，才需要拿到法庭里边去审理，要不然如果大家意见一致的话，哪还用诉讼？正是由于双方各执一词，都有各自对事实的理解，都有自己的一个版本，那是不是两个版本都应该陈述出来让法官来听、来考虑，然后裁定哪一个版本更可信，更应该受到法庭的接纳？

刚才我说辩护律师在准备过程当中，肯定需要跟客户非常详细地去了解案情的来龙去脉。了解了以后，他肯定准备把己方的这套版本，在庭审当中提出来，让无论是法官还是陪审团，去考虑谁的版本更可信。这样的话，无可避免地，我们必须要用引导性问题，把我方的版本向对方证人指出来，这就是提出引导性问题的目的所在。

用刚才的例子，一宗暴力伤人的案件，被告人据说是一个男的，在早上 8 点左右的时候，在路上打伤了一个女的，这个是他面对的控罪事实基础。那个男被告人否认控罪，他可能提出的事实版本是什么？他可能说："控方证人即那个女人原是我的女朋友，当时我们在路上只是为一些小事吵架，她纠缠着我，我就把她推开了，但是她老是拉着我不让走，所以我只是把她推开，并没有抓着她，但是她越闹越凶、撒野起来就打我，等等。"被告人又可能继续告知律师说："后来我为了自卫，使劲把她推开，然后拔腿就跑。"假设这是他的事实版本。在庭审过程当中，我们必须要把被告人的这个事实版本，向控方证人指出来，向那个女受害人进行质证。女受害人自然是说自己如何在路上被男被告人打，打的身体哪个地方、受了什么伤。男被告人当然也有他自己的事实版本，例如男被告人也被她打了、也有受伤。我是男被告人的律师，在这个质证过程当中，自然有必要以引导性问题，对控方女受害人指出一系列事实，例如：

"你们是男女朋友，是吧？"

"是。"

"你们在一起已经有两年多了，是吗？"

"是。"

"房子每月租金是被告人付的？"

"是。"

"你们二人都有稳定工作？"

"是。"

"生活费用开销主要是被告人负担，对吗？"

"我也有份。"

"你们双方的家人，你们都认识？"

"是。"

"这两年多以来，你们的关系大部分的时间都好，虽然偶尔吵架，是吧？"

"是。"

"你们有时候吵得厉害，需要公安人员来干涉，是吗？"

"也不是干涉，可能邻居有人觉得我们太吵了。"

"我给你指出：本案发生前一个周末，晚上你们在和平餐厅吵起来，餐厅人员让你们走，你们不走，餐厅最后让公安来处理，有没有这个事？"

"是有的。"

以上全是引导性问题。为的是把某些背景事实陈述出来，看受害人同意不同意，只让她确认，别要她作任何解释。凡是意见或任何结论，由双方律师在法庭辩论时处理。简单看，这一男一女是男女朋友的关系，感情看来不会太坏，但也经常吵闹，已经不止一次。如果二人一起曾经发生暴力，看来彼此都曾经是对方的受害者。我们试看进一步动摇她的可信性：

"上月 11 日那晚，公安人员来你们家的时候，你对公安人员投诉男的打你，你有做这个投诉吗？"

"有啊，他真的有打我。"

"那晚，你们二人都被送去医院检查，对吗？"

"是。"

"最后公安决定不受理这投诉，对吗？"

"因为他们不讲道理，男人都是帮男人。"

那个女的可能在庭上的反应是这样的，如果法官、陪审团听起来的话，会产生一种印象，这男女两个人吵架打架根本就是家常便饭，只是那个女的爱把事情闹大，吵架以后就爱把公安叫过来帮她而已。如果这是一方（辩方）的案情基础，如果我们不能把这么重要的事实，一些有关他们背景关系的事实一一指出来的话，我们怎么可以有效地去辩护？如果不能问引导性问题，怎么能够有效地把这个事实弄清楚？前面说到，庭审不能问误导性问题，例如辩方不能为了动摇另一方的可信性，用上没有事实基础的问题，例如："证人，你是怀有恶意地向公安投诉受到被告人暴力侵害，因为你们二人由于你近日交了新男友，感情有变化，你渐渐对他不满……"这些问题除了可能因为与案情无关而不被法官批准，更严重的是如果并无事实基础的话，是构成误导的。

今年以来我们和很多学者、律师不断在讨论，大家都觉得我们往后需要对引导性问题的功能和意义做一个深入的研究，写一个意见书给最高人民法院去参考。希望最高人民法院以后在庭审指引方面，对什么叫诱导性或者引导性问题，怎么样在庭上可以用，怎么样不可以用，有更清晰的指引。

五、陪审团制度

（一）普通法庭审陪审团制度概述

普通法的证据法是挺成熟完整的一套系统。当然，随着更多的案例，证据法仍然在茁壮。这方面我们有不少经验可以给大家提供。刚才有朋友问我关于陪审团的事，我想用一点时间谈谈我们为什么有陪审团这种制度。也有朋友问我陪审团是怎么样选出来的，那当然就是从普通公民中选出来的了。

陪审团这个制度很有意思，这方面我想把我个人的一些工作经验提出来跟大家分享。大家都知道香港是一国两制，好多人说一国两制是新的事物，内地、香港需要多些时间去磨合，需要去实现一国两制。其实这个说法不对，一国两制早就有了，很多国家都已经有了，英国 200 年前已经有一国两制。大家都知道英国北面是苏格兰，南面是英格兰和威尔斯地区，在英国，苏格兰的法律并不是普通法，而是欧洲大陆法，可以说跟欧洲大陆法模式同出一源，也可以说跟中国内地有点像。南面的英格兰、威尔斯地区采取普通法，亦是香港所承袭的普通法。所以英国已经有南北两套法律，当然它的民主制度是一样的，跟我们现在香港所谓的一国两制有点不同。其他好多国家，比如加拿大也有一国两制，有些省份的法律跟其他地方不同。

我在英国上的法学院，我的法律学历是在英国完成的，大律师专业资格是在英国考取的。1997 年以前是港英时代，英国的学历与专业资格在香港自动被承认。我在香港开始执业的时候，香港大律师有超过一半成员的背景都是英国法学院。我在英国通过了考试，通过了在伦敦的"学徒"阶段以后，不久就开始在英国的裁判法院工作，我担任法院的法律顾问，跟香港的制度在这方面有一点不同。我刚才说了，香港的刑事法庭有裁判法院、区域法院、高等法院，高等法院原讼庭有陪审团。英国没有中间区域法院这一层，英国刑事法院只有两层：裁判法院和高等法院（Crown Court），有陪审团。

我在裁判法院当法律顾问，参与司法的方式主要是每天的庭审工作，工作令我有机会近距离观察英国的司法文化。我在裁判法院工作了 3 年多，然后回到了香港。英国的法律工作经验，令我深深感受到什么叫公民参与审讯制度。首先为什么要有陪审团？陪审团只有一个任务，就是决定一个被告人"有罪"或"无罪"。裁定有罪或无罪的权力，不是在法官，更不是在政府，而是在由老百姓组成的陪审团。陪审团成员全都是从公民里边任意选出来的，他们只有一个功能，只有一个责任，只有一个任务：

听了证据以后，全权决定被告人有罪或无罪，不需要解释理由，他们的任务便结束了。后面的阶段就是法官去判刑，这个是英国也是香港高等法院的审讯制度。

在英国，裁判法院（没有陪审团）的法官都是公民。我跟法院的裁判（公民）法官一起工作了几年，有一种很深刻的体会，英国的法院真有意思，真的就是名副其实的人民法庭。裁判法院里边的法官95%以上都是公民，这听起来有点不可思议，他们的裁判法官都是公民，是什么意思？他们不是专业的律师，全都没有上过法学院，都是平民百姓，什么背景的人都有：有老师，大学的老师，中学的老师，退休的老师；有医生；有开飞机、开火车、开货车的；还有家庭主妇，什么人都有，只要他们受过足够的教育，品格良好，没有犯罪记录。这些裁判法院的法官是怎么被选出来的？都是从当地的民众当中委任的，如果他愿意接受委任当裁判法院的法官，就委任了。他们没有工资，只有一些车马费，一些补贴，车马费好像当时是每次参加工作20多英镑，等于人民币200多块。他们不用每天都听审，一年最少参与工作26次，26天来法庭里面听审，等于平均两周一次吧，如果他们有假期、有空的话，可以连续来参与听审5天、6天、7天。开庭时，三位裁判法官坐在庭上，三位公民法官坐在裁判法院里面听审。我就坐在他们前面，好像一个书记员一样，但是我这个书记员不同，我是专业大律师，是他们的法律顾问。他们是普通公民，没有经过正规法律训练，那怎么懂法律办案呢？我和他们一起进行庭审，教他们，给他们法律意见。他们听完审以后，退庭去商议，做决定。他们作了裁定以后，先请我进去把他们的决定告诉我，然后问我："我们已经做了这个决定，你有什么意见给我们？"我不是法官，是他们的顾问，我永不参与他们做决定的过程，只提供法律意见。我会说例如："OK，关于这个控罪，如果要定被告人有罪或无罪，你们要考虑第一个条件、第二个条件、第三个条件、第四个条件、第五个条件，如果你们觉得这几个条件证据都充分的话，可以定他有罪。"他们会说："哦，我们对第一个条件满意，第二个满意，第三个满意，第四个满意，第五个我们还没想清楚。""没想清楚吗？那请再考虑一下再决定。"我就离开他们的房间，他们继续想。过了 5 分钟、10 分钟、15 分钟，他们又请我进去，"第五个条件我们想清楚了，我们还是满意"。"满意你们就可以定罪了。"然后他们再开庭宣判："被告人，有罪。"接着进行判刑。量刑过程中，他们除了听辩方律师陈词外，也会询问我的意见。要是案件情节严重，他们考虑判处被告人入狱，我会给他们法律意见，例如我会说："按照法律，要判被告人坐牢，你们要考虑什么什么因素，你们是否已经考虑了？"他们在考虑过后，作出判刑决定前，通常都先听我的法律意见，这就跟我们的陪审团有点像，陪审团是普通的公民，他们听法官给他们引导。

我当时工作了几年以后，深刻感受到：这真的是名副其实的人民法院。在这个国家，被判罪成的罪犯，送他们进监狱的人不是政府，甚至主要也不是法官；高等法院法官负责判刑，但是决定他们有罪的是公民，95% 以上的被告人被定有罪，都是由老百姓裁定的，这不正是人民法院吗？这不正是司法独立吗？这真正是百分之百司法独立，谁能影响普通老百姓们自由意志的决定？他们是被随便挑出来的，跟被告人没有关系，他们就按照自己的良知、理性，作裁决。陪审团听法官的引导、裁判法院法官听顾问的法律意见去考虑，然后作判决。

我觉得，第一，这真的是人民法庭。第二，从形式到内容都是真正的司法独立。包括最严重的案件例如谋杀，或其他严重的控罪，都是由陪审团裁决罪名是否成立。陪审团是从公民中挑选出来的，英国的裁判法院的法官是终身的，他们非常重视公民法官这种荣誉感，虽然没有工资，只是义务的服务，但是他们很重视。我觉得一个法治社会里边应该有一种素质，就是让你的老百姓民众对他们的法律第一是信任，第二是尊重，而且重视法律。我注意到在履行公职的过程中，他们意识里是很谨慎的，"我不要把事情弄错，我会考虑得很小心"。

他们重视自己的身份到什么程度呢？举一个例子：有一次我跟这些公民法官喝咖啡聊天的时候，有一位法官居然告诉我们，说他最近收到首席大法官的一封警告信。什么警告信？因为前不久他在高速路上开车稍微超速了，被路速监控拍到，收到传票，要罚款，可能 100 英镑吧，他就交了罚款，这原是小事情。然而，过了一个月，他居然收到首席大法官的一封警告信：你是一个公民法官，作为一个裁判法官，你应该有严格遵守法律的精神，你不应该在路上触犯超速。希望你以后小心，检点你的行为，不要再犯法，等等。在我们来看，小事情而已，没有意外，也没有事故，但他们的司法人员的守法精神却可以严格到这个地步。我想这个国家当然司法各方面都比较成熟，幸好，香港也承袭了这个传统，香港的司法队伍，到今天为止，是理所当然地保持廉洁操守，跟其他的地区比较，我们能够自豪的一点，就是法官贪污腐败的事情，在我们的历史上从来没有听过，是听都没有听过，谣言都没有，更不要说发生过。不止香港，英国的法官也是这样，我们可以保持这个传统。这个司法队伍干净到这个程度，从未有法官被调查、被判罪成，社会把司法廉洁看成理所当然，觉得法官当然地就是公正的、廉洁的，因为我们历史上没有听过法官不廉洁。

（二）陪审团制度的由来

我们的陪审团是怎么来的？香港这个城市有七百三四十万人口，每一年我们的人口登记部门都会编一个陪审员的名单。凡是年龄21~65岁的香港公民，受过高中以上的教育，没有什么严重的犯案记录，他的名字都有机会进入这个名单里边。那名单可长了，有多长呢？我估计应该一二百万左右个名字。合资格的香港市民都有可能收到通知信，告知你的名字现在已经被放到这个陪审团的名单里面，可能以后你有机会收到通知当陪审员，你必须要按指定时间去高等法院报到，是义务的服务。律师及一些类别的阶级不能当陪审员。可能你一生都没有收到通知，也可能突然有一天收到一个通知，请你某月某日9点钟去高等法院报到，当天你要当陪审员，等等。如果你说你的老板不让你放假，不让你去，老板藐视法庭，他准备坐牢去吧。如果你说当天你有事情，可以，你写信给法院，说明当天可能要去医院做一个检查，或者有什么特殊事情，申请豁免。不然的话，如果收到通知你不去的话，是藐视法庭的，后果很严重。

到了法院以后，进到一个很大的房间里边，书记员点了人数，说"请各位等一下，等一下我带你去什么什么法庭"。于是，几十个人坐在那里等候。到9点半了，书记员点一些名字，可能20个、30个，把他们带到三号、五号、八号法庭里边，法官出来跟他们说陪审团的功能是怎么样，他们要做什么。法官讲完以后，书记员挑出多个号码，这些人作为当天的陪审员。经常遇到这种情况，某个人可能会说："法官很抱歉，请问，可不可以豁免我的服务？"法官问："为什么？""我的英语能力不太好。""你的英语能力不太好？告诉我你的教育程度。""我大学毕业。""大学毕业，应该可以胜任，请入席坐下来吧。"因为如果陪审义务这么容易就可以豁免的话，后面的人就都可以借口逃避陪审义务了。

没有被挑选出来的那些人就可以走了。听起来很浪费资源，动用了那么多人力，但是这种制度普通法有了几百年。香港最早的陪审团条例出现于1846年。英国人对香港的管治历史始于1842年，也就是说，英国人来了4年就有了陪审制度。你看这个国家多重视司法。

当时的模式跟今天也许有点不同，但司法的理念、司法独立、公民参与等100多年前就已经有了。动用了好多社会资源是吗？是。但是得到的效果是多少？你想这么用一些资源，但是可以巩固、维持香港那种法治社会，值得不值得？我觉得太值得了。有一些朋友问我关于香港法官的工资，我告诉他们以后，他们吓了一跳。据说香港政府每一年拨给司法机关的钱好像才20多亿，20亿对香港政府来说太容易应付了。区区20个亿，可以维持这么一个法治的系统，值得不值得呢?!

大家要知道香港这个法治体系，在亚洲、在国际上也都有地位。就那么一些钱可以维持这样健全的制度，这个社会资源的使用值得不值得？当然值得。所以我们陪审团这种制度往后肯定会继续下去，当然它只在高等法院，处理性质最严重的案件，香港的生活节奏是那么快，要是所有案件都用陪审团，我们根本支持不了。因为很多案件必须要快，用陪审团的案件肯定很慢，这制度都是用来审理一些最严重的案件的。

各位朋友，我这个大纲还远远没有讲完，因为太多。相信大家有很多的问题，我想在这里停下来，我愿意听一听大家的问题，在讨论的时候，我再发表我的意见，可以吗？这样，我们现在就开始提问的环节。

互动环节:

1. 问: 张大律师您好! 刚才听您讲课中间说香港陪审团成员没有法学背景。刚才您又说陪审团裁定被告人罪成的时候,也不需要解释理由。我想,比如我们内地法官定罪,判刑还要考虑犯罪构成,香港法官判刑的依据是什么? 这是第一个问题。第二个问题,如果法官和陪审团的意见不统一,不统一这种可能存在不存在? 谢谢。

答: 法官是整个法庭审讯的"主持人",是"球证",到了案件最后阶段,他对案情当然熟悉了,到了判刑时,自然一切了然在胸。法官判刑前一定会先听辩方大律师作减刑或轻判陈述,有时也会请控方作量刑陈述(但不是每次)。作为辩方大律师,肯定会向法官呈上支持自己判刑陈词的判刑案例,供法官参考。普通法是案例制的,可作参考的案例有如海洋般浩瀚。我刚才说陪审团最后裁定的时候是不需要给理由的,但是我刚才没有详细讲,在他们退庭商量有罪无罪的裁决之前,他们已经在庭上聆听了控辩双方的陈词,控方把控方的理据讲一遍,说这些证据怎么怎么充分,怎么怎么有力,证明了什么,所以各位可以作出一个有罪的裁决。辩方也向他们作陈词,指出控方证据当中有什么漏洞,有什么不清楚,有什么疑点,应该作出无罪的裁决,等等。控辩双方律师讲完以后,轮到法官对陪审团进行引导:"你们可以参考双方律师的意见,现在我给你们引导,在事实方面你们可以自行考虑及决定,但法律方面你们必须要听从我的指引。如果你们感到我对法律的解释和控辩双方的律师的法律观点有分歧的话,必须要以我为依归。"然后法官就引导陪审团,这是一个什么什么案件,例如性犯罪强奸的案件,你们对某些所谓的罪行构成元素必须要理解，证据已经充分证明了什么什么，受害人当时是意愿还是不意愿，你们必须要做一个裁决。

陪审团不用对裁决给出解释，那么问题来了，被告人如果被定了罪，他不服，要上诉，但是他也不知道陪审团裁决的理由在哪里，他按照什么来上诉？答案就是，按照法官给陪审团的引导来上诉，例如发现法官对于法律的陈述弄错了什么，法官对陪审团的引导在某些方面说得不够准确，不够全面，而且令陪审团感到混乱。被告人上诉的理由就是要指出法官引导得不够好，令陪审团得不到适当的甚至是错误的引导。所以你观察陪审团案件，法官在说话的时候，所有的律师都忙着写笔录，法官说的每一个字律师都写下来。如果认为法官讲错了，讲得不够好的话，当陪审团裁定被告人有罪时，就用这些被认为有瑕疵的引导来作为上诉理由。

法官如果跟陪审团的意见不一致怎么办？答案就是法官没有决定有罪或无罪的权利，永远都是陪审团的决定凌驾于法官之上。而且在法官对陪审团的引导过程当中，有些标准用语，法官肯定会说，如果法官遗漏了重要的指引，话没有说清楚，也可能会构成法官引导得不对。我们会听到法官告诉陪审团，例如："在我以下对你们的引导过程当中，我肯定会谈到证据方面我的一些分析，如果对于我的意见，或者我这些分析，你们听出一些意思，理解成好像是我认为这个被告人有罪或者无罪，请你们不要管我说什么，你们就当我没有说过，因为被告人有罪或无罪，不是我法官来定的，是你们来决定的。尽管有时候如果你们可能理解为是我暗示被告人可能有或无罪，但请你们不要理会我的意见，你们的决定才是决定。"法官提醒陪审团，就是让他们的分工分得很清楚，那条线是不能跨越的。

我记得以前英国有一个大法官，有个人问这个大法官："如果陪审团的意见可能跟你不同，或者你真心相信陪审团是搞错的，请问你有什么感觉？"这个法官回答得也挺有意思，他说："我们的法律是属于人民的法律。如果人民做了决定，按照人民的解释，使用法律，做了这个判断，我只能尊重人民的决定。这是人民的法庭，人民如果要宣告这个人有罪或无罪，是人民的决定。"在普通法，法官和陪审团这方面分得很清楚。

2. 问：老师您好！咱们在准备发问之前，要设置问题，设置问题后面的那个逻辑原理应该怎么样？我们很可能在法庭上发问是问不出问题的，就像您刚才举的那个例子一样，"你有没有刑讯逼供啊？"，这种问题我们肯定要庭前准备，庭前准备的时候后面肯定有逻辑原理，我想了解一下那个逻辑原理。谢谢。

答：我会这样回答：不要把问题弄得太复杂。我想我们很多人都会这样，头脑里面有一大堆的材料想问，一个指导思想就是：把这一大堆问题，分成好多小的、简单的、短的问题，分成很多很多片。说背后有所谓的"逻辑"这方面，我想可能把事情弄得太复杂了。是这样，我不会用什么"逻辑"，因为大部分案件背后牵扯到的总的来说都是事实。首先牢记，有了对事实的充分掌握，再采用适当的技术在审讯过程中把它陈述出来。我用一个比喻，大家都知道什么叫拼图游戏，比如一张图，由好多小片拼凑起来，拼出一个完整的图像。作为一个专业的，具备专业能力的律师，我们头脑里边应该有很清楚的图像，这就是我们案情事实的全貌。我问问题的时候，每一次提出一个问题，心中都会估算我将会得到什么答案。刚才我多次说，问问题时必须知道将会得到什么答案，现在我可以说得更清楚。为什么我们必须要知道这个答案？因为这个答案正是我期待的那一小片，能放入这大图像里，构成大图像的一部分，这答案、这一小片，必须要符合我心里面想的这个大图像。

例如，我现在向证人问一个问题，首先我心里知道或预期他肯定会给我一个什么答案，我刚才说不要问不知道答案的问题，我要预先知道他会给我什么答案，我一问，他给了我一个答案，对了，这小片符合我的需要，我就把这个小片放在这个拼图游戏的一个正确的位置。我再问他第二个问题，我心里亦知道是什么答案，我也预料到他会给我什么答案，他给了我，我就把它放在另外一个正确的位置。如果这个拼图游戏总共有 100 个小片，都放在了正确的位置，到了某阶段你应该会看得出原来这个图像是一个卡通人物，也许是一个八达岭的万里长城，也许是欧洲一个大教堂，可能是这样。如果你顺利问到第四十、五十个问题，顺利取得你需要的很多小片，又顺利放在正确的位置的话，慢慢地你将会看到这个图，虽然还没有完整，但是已经看得出这个图是什么。我不用"逻辑"这个词，我用"事实版本"，我通过询问去建构这个图像，我要的是建构这个案发情景，成功的话事实便会慢慢浮现出来。通过有效的发问，从证人口中得到我需要的这些资料，放在适当的位置。最有成效的就是如果你能够一句话一句话去问这个证人，他一个一个小的答案给你，坐在旁边听的，无论是陪审员，还是法官，都会感觉好像从你们的答问里边看到了一出电影，电影是什么？电影是一块一块的胶片连起来，整个电影就出来了，原来是这样。最有效的一种发问，就是令你的听众感觉身在现场，好像已经回到现场里边，像看电影一样看到了这个情况。所谓的"逻辑"，其实我更愿意用"拼图"这种描述，慢慢使图像冒出来，或者像电影放映出来那么清楚。如果真要说有"逻辑"的话，有一点该注意：询问证人，提出问题的过程，诉讼律师应该有时间顺序的意识，即尽量让证人把事实按时间先后顺序来讲述，你的听众们会更容易明白。

3. **问**：张老师您好！我们在办理刑事案件中，经常有公安民警在做笔录的时候，带有自己的主观思想，包括有些问句直接就是有误导性的，有时候证人跟他们做的笔录，比如故意伤害的案件，证人说的是"我没有看见，我看见他没有打他"，然后公安民警把笔录做成"我有看见他打他"，像这个案件，我们申请民警出庭的时候，我想请问您一下，有什么询问的技巧或者是这样的思路？谢谢张老师。

答：你说那个民警是你跟证人见面的时候，民警坐在旁边？

问：我们这边民警做笔录的时候，我们都是不参与的，他们直接跟证人做，甚至跟嫌疑人做，很多时候做的根本就不是嫌疑人自己意思的表示，带有很多他们自己的判断在笔录里边。

答：就是那个民警写的笔录不准确，或者更严重，扭曲了这个证人口中的话是吗？

问：是。

答：首先，让我说明调查取证这个基本原则。基本的原则是，笔录写什么其实不重要，重要是他在法庭上面作供时说什么，以庭上作供所说的证言为准。笔录等文件在我们的庭审一般是不会出示的，法官不会看也不想看，除非有非常不寻常的情况发生，那是极罕有的。理由是，不管什么笔录，性质是传闻证供（hearsay evidence），传闻证供是不被庭审所采纳的（inadmissible）。但是如果这个证人在庭审所说的话，跟他以前的笔录有不同、有矛盾、有出入的话，我们可以把他的笔录拿出来，问他为什么他的说法和今天的证言互相冲突，用他的前后矛盾来攻击他的可信性。按照你刚才这样说，举个例子，我们是辩方的律师，在开审之前，我们肯定毫无疑问都会收到控方的材料，包括那些受害人、目击证人做的证词文件，我们看得很清楚了，我们心里也有了在庭上怎么交叉询问他们的准备。到庭开审的时候，他们说的版本跟原来笔录证词说的不同。我们什么时候发现他们说的版本不同呢？不是在接受辩方发问的时候，可能是控方引导他们作供的时候，他们说的已经偏离了原来的证词证言，庭上的证言跟他以前笔录的证词不同。如果我是辩方律师，看到这个情况，我可开心了！因为他已经说了两套前后不同的版本，庭上说的跟以前做的笔录不同。事实只有一个，无论什么情况下事实都只能有一个，两套说法只是代表了他不可靠。到我盘问的时候，我只会指出他有两套说法，不必非要他确认哪一套版本是真，也许他先前是说假话，也许到了庭审说了假话，也许他忘记了事实。但是无论是故意说假话，还是忘记了，都等于他的证词有不可靠的成分，所以在遇到这种情况时，我们在盘问过程当中，只需要说如下：

"证人，刚才你在庭上回答控方问题，我听到你叙述了有关2016年1月25日发生的事件一，事件二，事件三，事件四，是不是？"

"是。"

"你能确认在庭上说的这些都是事实吗？"

"是事实。"

"你非常肯定、毫无疑问？"

"我肯定。"

"这里面你没有说错吗？"

"没有说错。"

"你对那天事发经过的记忆很清楚吗？"

"很清楚。"

"证人我再问你，今天是 2016 年 8 月 23 日，2016 年 1 月 25 日的事件，经过了 7 个月，你还记得清楚吗？"

"是啊，很清楚。"

"2016 年 1 月 25 日事件发生后，你在第二天 26 日是不是给公安做了一个笔录？"

"是啊。"

"当时在公安面前你的记忆应该很清楚吧？"

"当然清楚了，前一天刚刚发生。"

"你向公安人员说的都是事实，没有错的？"

"都是事实，没有错。"

"好的，我现在向你展示 1 月 26 日你向公安写下的一份调查笔录，请小心阅读（证人看了两三分钟）……现在请你确认，当时在公安人员面前你对事件一（及其他事件）的说法跟刚才的说法，明显不一样，请问你，事情发生第二天的笔录证词和刚才庭上的证词，哪一个是事实？"

"（证人支吾）……笔录时我可能记得不清楚吧……"

"证人，你是说，事情发生 7 个月之后的今天，你的记忆反倒比当时更清楚，是吗？"

他就不能再回答你了。

我们就用这些前言不搭后语的笔录来诘问他，令他无词以对。当然方法还有很多种，这个是其中一种。大家可以想象，情况千变万化，但是如果遇到你刚才说的这个事情，公安和证人合作窜改证供，在庭审中我们的任务是测试证人的可靠性，必须要逼着他把今天说的话，先确认得非常清楚，断了他的退路，然后突然拿 7 个月之前一些有矛盾、有出入的证词，跟他对质，那他就无词以对了。他可能说"现在我也不太清楚，可能我记得不清楚吧"。"证人先生，如果连你也不清楚，我们这些不在场的人岂不是更不可能清楚?"那等于他的可靠性就没有了，那叫法庭如何采纳? 我们肯定会这样问的。

4. 问：您好! 张律师，您是香港的大律师，对交叉询问的经验非常丰富，法律的生命不在于逻辑，而在于经验。我想问两个问题，第一个问题是，刚才您说律师在面对警察发问的时候，刑讯逼供的问题，如果是您，应当怎么发问? 第二个问题，能否与大家分享一下您职业生涯当中交叉发问成功的案例? 谢谢。

答：如果我今天有更多的时间，我非常乐意把好多排除刑讯逼供的案例跟大家分享。先谈第一个问题，有关排除刑讯逼供所得证据是这样的，首先，我们跟嫌疑人了解整个过程，有必要了解得很细很细。其次，包括内地和香港，各位朋友都知道，控方的案件材料必须要事先给你们披露，披露以后，如果你们仔细去看所有的材料，从中肯定可以看到很多疑点，很多客观的疑点。可能你的客户自己看不出，但是你们是看得出的。准备好你心里的疑点，也详细跟嫌疑人了解清楚，做好你的部署，准备在庭上如何去质询。

我举一个例子，好几年前我有一个案件就是刑讯逼供，那个被告人，比如他晚上 8 点多被逮捕，开始接受调查，根据警方的证词笔录，做笔录的时候是第二天早晨 7 点多，结束的时候是下午 1 点多。其实从这个客观的环境来看，已经看得出有非常重大的疑点。什么疑点? 如果他昨晚 8 点多被逮捕，被带到警署，平常一个人 10 点、11 点、12 点要睡觉吗? 要睡觉。被告人肯定没有机会睡觉，因为过程当中，警察做了好多所谓的手续工作，他没有机会睡觉。到了第二天早上 7 点多要接受调查，肯定会一直把他折腾到早上快 7 点的时候。你可以推断他没有睡觉。当然我会问这个被告人："你当时有没有睡觉?"他说:"哪里能睡觉,他们把我从一个房间带到另外一个房间,一个房间带到另外一个房间,一整个晚上没有睡觉。"然后 7 点多到下午 1 点多的时候,这个笔录才结束,中间是多少个小时? 6 个小时。我们看这个讯问记录,三张纸,12 个问题,有什么疑点?各位朋友,刚才用了不到 20 分钟时间,已经有四五个朋友提了问题,我们这里只用了 20 多分钟的时间,已经谈了好多话。警察对一个被告人讯问的时候,用 6 个多小时,只有不到 10 条问题,写了三张纸,看看文件内容,疑点在哪里?肯定大部分的时间不是在问问题,而是用来折磨他,疑点就那么明显。

我们心里有了这个构想,知道发生了不寻常事。我们刑事程序有控方案件数据披露的程序制度,我们肯定能在开审之前从控方取得好多材料。第一,所有参与逮捕被告人的警察,每人自己有一个个人的值班记录小本子,自己保存,他们每天的工作都要写下来。他们的本子里所有的内容我都要看,我想知道每个逮捕他们的警察当时做了什么。第二,回到这个警署里边的时候,这个被告人曾被带去过什么地方,那都是有记录的,去过哪个房间,被提问过多少次,什么时候吃饭,什么时候睡觉,整个过程我们都能从记录得知。原来他只有一个多小时休息,不是让他睡觉,只是查案人员忙着要做他们的事情,把他丢在那里不管,所以他在那里可以有一个多小时稍微休息一下。到 7 点把他提出来问的时候,他已经累得不行了,在 6 个多小时里边,只对他进行了 10 多条提问,中间那些时间全都用来恐吓他。我们有了这个"场景"后,把这些警察传召到法庭里边的时候,能问他们的事情就多了,资料可真多了,哪一个大律师都懂得问。例如:

"警员，早上 7 点多，你看到这个被告人的时候，房间是 214号吗？"

"是。"

"你看到他的时候，他的状态怎么样？"

"也没怎么样，普通人一个。"

"当时你有问他需要睡觉吗？"

"我没有问。"

"7 点多，你是什么时候上班的？"

"我刚上班。"

"上班之前你肯定在家了？"

"是啊。"

"晚上在家肯定是睡觉了？"

"是啊。"

"你睡了一个晚上回来上班，没有问他有没有睡觉？"

"没有。"

"你有没有问他吃没吃早餐？"

"没有问。"

"你有没有问他需不需要律师？"

"没有问。"

（**注意**：嫌疑人应该有的权利，警方全都没有给他提供，已经触犯了很多很基本的保护嫌疑人的守则。）

"你提问他的时候，房间里还有什么人？"

"只有我一个，但是我有一个同僚，他有时候走到外面去。"

"他走到外面去做什么？"

"不知道。"

"请看这份嫌疑人当时的供词，请确认是你录取的？"

"是。"

"时间是 7：30~13：15？"

"是。"

"供词中显示，你在这个过程当中提了 12 个问题，12 个问题也包括有一些介绍自己是公安人员、几号，然后问他愿不愿意接受调查，最后一些问题，他现在还有没有补充？"

"是。"

"最后的问题是'你还有什么需要讲的'，他答'没有'？"

"是。"

"还有一些是不重要的问题，中间六七条比较重要的问题都是很简单的，你用了 6 个多小时来询问他，是吗？"

"他回答很慢，我写字也写得慢。"

这么多的疑点，所以我们准备得充分的时候，太容易发现问题了。有机会的话，如果能够用示范的方式，大家就比较清楚了。

5. **问**：张老师您好！问一点轻松的，我们电视剧上大家看到香港的律师出庭，戴假发，可以随意走动，现在还是要求一定要戴假发和随意走动吗？戴上假发热吗？在我们内地，随意走动的话，有可能扰乱法庭，法官会把这个律师请出法庭的，你们现在还可以随意走动吗？谢谢。

答：也许大家看那些刘德华的电影看得太多了，那些电影我全部未看过。庭审中我们站着讲话但从来都不走动，因为庭审过程当中，我们有很多卷宗，一个卷宗等于我现在手上这个小本子 20 倍那么重，寻常案件可能有好几个厚厚的档卷，我根本不可能拿着 25 公斤重的卷宗在庭审中走来走去。尤其是大家看到我的左手（运动受伤）现在这个状态。我们从来都不会走动的。美国的电影只是演戏。第一，庭审中我们一直看着我们的卷宗，看着我们的材料来问问题，所以我们根本走不开。第二，走来走去，我觉得有一个特别不好，我们以前开玩笑，你要陪审团看你打网球吗？大律师来回走动，我想看得他们肯定头都晕了。这个有点表演的成分，我们不会这样的。

假发，有啊，热吗？非常热，舒服吗？非常不舒服，我真的宁愿它废除了。但是是这样的，1997年回归的时候，曾经有些讨论说，回归以后，一些司法应不应该改革，最后我们决定什么都不改，因为1997年回归的时候，说50年不变。这个变那个变，对50年不变这个承诺就有动摇，所以什么都不能变。但今天大家讨论这个问题，它（黑袍假发）的存在是有道理的，也许大家觉得这个很有趣，对我来说一点都没趣。但是它的目的是什么呢？目的就是看起来在法庭里边比较平等，因为从法官到律师，我们的衣服，我们的外貌，我们在法庭里边不是代表自己，是代表法律。我们看起来都是一样的，走到外边，你差不多认不出谁是谁，所以我想这个主要是传统吧，在法庭里边大家个人的面貌不重要，重要的是我们只有一个目的，就是在这里伸张正义。但是我们有一些非常严格的规则，你们应该没有机会看到一个现象，我不会这样做，我们全体大律师都不会这样做，就是绝不容许戴着假发，穿着黑袍来照相，更不许拍了照以后，发到微博上面跟朋友分享，我们从来不会这样。如果这样的话，就是严重违规，后果就是受大律师公会处分。

因为我们的大律师公会有一个纪律委员会，负责处分一些违规的大律师个人的行为。大概六七年前，当时大律师公会委托我检控另外一个大律师，他犯了什么事？他竞选一些什么议员那些东西，竞选的过程当中居然穿着黑袍，他没有戴假发，只是用手拿着他的假发，在户外公众地方派发宣传他的选举传单，被人拍了照片，放到报纸上面，于是有人投诉了他。大律师公会马上要处分他，我负责纪律检控他。因为我们大律师出庭使用假发、黑袍不是拿来开玩笑的，不是拿来炫耀的，也不是拿来演戏的，这是严肃的东西。所以我们平常是不允许拿来拍照的，私人环境下都不许。唯一的例外，我们有一个仪式，每个大律师获得这个专业资格时，必须要有高等法院批准认可，在高等法院认可典礼那天可以拍照，其他任何时间都不可以。所以大家从来不会看到我们穿着这些服装拍照，放到微博、媒体上面，这是违规的。

6. 问：您好！张律师，我们问的问题是关于发问技巧的，就两个。第一个问题，如何判断证人到庭上来会怎么回答我们自己发问的问题？因为有的证人是我们在传讯到庭之前可以接触的，有的控方证人不能接触，接触以后有危险，有的是因为客观原因，接触不了，怎么来判断他到庭上来会如何回答我们的发问？第二个问题，如果我们传讯的证人到庭上，就是之前已经接触过他，他回答问题特别迟疑，他的回答是有利于辩方的，比如我有一个案件，当我传讯这个证人到庭之前接触过他，他说被告人案发当晚是在他家，但到了庭上以后，法官询问他的时候，他就说有一段时间在他家。我后来就问这一段时间从什么时候开始到什么时候结束，他迟疑了三四分钟，仍然非常迟疑，最后被法官逐出了法庭。这时候非常尴尬，作为我们辩方也不知道怎么处理这种问题。所以证人怎么回答问题才能往下设计这个碎片的拼图，这个问题我很疑惑，想请教一下张老师，谢谢。

答：这个跟香港的制度有些根本不同的地方，就是在刑事案件里边，辩方的律师是不会跟控方证人有任何接触的。辩方只会跟他所代表的被告人以及被告人的证人有接触，至少我自己从来没有跟控方的证人接触过。道理非常简单，这样的话，我们可能冒着一个极大危险，就是可能被指控涉嫌妨碍司法公正，干扰证人。对证人来说，作为一个控方证人，他可能提供给检察院或者控方一些证词，我们收到那些证词之后，不知道他说的是真话还是假话，我们妄想去找他问清楚，我们哪敢？想都不敢这样想。因为这里有一个非常大的危险，如果我们跟他接触以后，他回头打一个电话给警察说："辩方的律师找我，问我一些问题，而且他要求我不要这样说，改变我的证言。"可能他说的是假话、恶意指控，但是已经足够引起误会，令警察要调查我们。那怎么办？我们从来不会跟控方证人接触，如果真的需要的话，我们会通过控方去处理，例如如果我们需要多了解一下的话，偶然的情况，不是经常，我们会写信给控方，说我们已经收到他一些证人的证词，但是有些方面能不能再多提供一些资料给我们，如果控方愿意提供就可以提供，不提供的话，我们也没有办法，我们只能在庭上去询问他。所以你说的这个情况，在我们来说，不会出现。

但是我也要补充一句，我想我们的经验里边，总有哪怕是原本答应过要跟我们合作的证人，到了庭审，往往他们的证词或者跟我们先前说过的话会有动摇。我多年来都在想一个奇特的现象，仍然没有答案，我很有兴趣想知道，是不是中国人的头脑构造是比较特殊的？好像这是我们的思想网络的问题，我观察很久，无论是香港还是内地，凡是华人的头脑，思想网络总是很奇怪，常常令人莫名其妙。我观察英国的庭审多年，西方证人出庭作供，回答问题大都是直接又直率的。反之我们的证人，你问他一个问题，他永远不会直接回答你，他会马上联想或联系到其他的东西，然后就开始跟你谈其他一切能联想到或联系到的东西，就是不直接回答你的问题。

我遇上过太多这种事情。举一个例子，无论平常跟我的客户或者证人讲话，或者在庭上问一些证人的时候，这样问他："那个工作地点你熟悉吗？"只是这么一个很简单的问题，听到这句话，如果是外国人的话，他会直接说"熟悉"。"为什么熟悉？""因为我在那里上班上了一年多，我当然熟悉了。"他就会这么简单给你回答。跟中国人讲话真的好累好累，经常都是这样："这个工作地点你熟悉吗？""噢！那个地方可麻烦了，我都恨死那个地方了！走那么长的阶梯上去，东弯西拐的，都累死了……"经常你问一，他跟你说三四五六。我说："慢点，那个地方怎么样你先不要跟我讲，我问你熟悉不熟悉？""啊！没有什么熟悉不熟悉，反正我经常看到，也不知道是熟悉不熟悉……"他就是有一搭没一搭的，老不直接回答你。你们有遇上过这些证人的经验吗？中国人的思想网络好复杂。如果这样的话，我只能再讲一遍：刚才我说我们面对证人不能动气，我们的 EQ 应该很高，情绪商应该很高，遇上这些思想网络是"特殊构造"的证人，我们尽量变通，用我们的技巧去帮助他们，把我们的问题说得简单一点，刚才我那个问题的例子其实也有一点点内在毛病是我在问他意见，不是问他事实。"你对那个工作地点熟悉不熟悉？"其实这问题是半事实半意见，但是如果你有一点点技巧，把它变为具体问题："那个工作地点是在什么区，什么号，对吗？""你在那里工作是吗？"不要问他工作时间多长，这个对他已经太复杂了，应该问："你是哪年哪月开始在那里工作的？"他会说得比较具体一点。如果你问他工作的时间有多长？什么叫多长，他们也许都不太明白。2015 年 7 月份开始工作，到现在 2016 年 8 月，我们已经得到想要的数据。"那你一周上班几天？""一周上班 5 天。"

"每天工作几点到几点?""早上 8 点上班、下午 5 点下班。" 如果有这些基本的事实,其实那里他熟悉不熟悉,你们心里已经清楚。如果你偏要问他意见:"你熟悉不熟悉?""我不知道什么叫熟悉,我不好说,但是我真的很恨那个地方,那个地方交通不方便,买东西不方便,吃饭不方便……"证人老这样回答,可真会把你搞疯了。我们经常宁愿用短一点,具体一点的问题,渐渐地,我心里想要的事实他就说出来了。

回答你刚才的问题是,我们没遇到过这些问题。但是如果你说你要自己去接触这些证人,然后发现他跟你说的一套,与跟控方讲的一套不同,你心里要马上响起警号:"小心,这证人可能对控方和对你都没有说真话,你千万不要以为他对你说的那版本就必然是真话,你只能说他说了两个有矛盾的版本。"说不定,或者面对第三方他也有第三个版本,问题是你怎么使用他对你说的第二、三个版本? 在我们来说是没办法说的。我总不能够在法庭上面说"证人,上个月几号我跟你见面的时候,你是另外一套说法,是不是啊? 怎么现在又改口说别的?",我们绝对不能做这个。为什么呢? 错误在哪里? 错误变成我不是律师,而是证人了,我以证人的身份证实他说假话。可是,我是律师,我不是证人,所以我们不能做这个事情。你说律师跟证人见面谈论案件的行事方式,在我们的制度里边是不可能发生的。往后我们对司法改革提一些意见的话,我也会说,也许要检讨律师私下去跟控方证人见面这种制度应该不应该允许,还是宁愿到了法庭里边去问他,通过我们的庭审诘问技巧来测试、动摇他就算了。真相我们可能永远都找不到,但是动摇了这个证人的证言,我们的目的就已经达到了。

7. **问:** 据我所知,香港那边设立公司是存在无限公司的,内地这边公司法是没有无限公司这个主体的，无限公司那个主体雇主，对无限公司的债务是否是承担无限连带责任的？这是第一个问题。第二个问题，比如我们在处理案件当中，可能有时候会涉及香港的公司或者个人，我们想在内地这边了解一下香港的相关法律法规，我们可以通过什么网址或者什么公众号知道一些法律法规的相关信息？谢谢。

答：简单来说，有限公司、无限公司的区别就在它的责任的问题，如果是无限公司的话，雇主或者它的老板或者它的董事是不是对债务有无限承担的一个连带责任？答案就是"是的"，无限公司，对债务是有非常大的风险的。至于你说内地的一些案件如果跟香港有关的，想多知道一些，怎么处理？有一点我没有说，香港的事务律师跟内地的律师区别在哪里？我是一个诉讼律师，香港称为大律师，这个跟地位没有关系。我们从来不会直接从公众接受案件，一定要通过事务律师的委托。普通的社会民众不能直接打电话或者走进我的办公室，请我办理案件，他必须要找那些事务律师，通过事务律师才能委托我们。等于我们跟公众是隔开来的，公众不能直接找我们，我们也不会跟客户有单独的见面。那就是说如果有这些案件找律师的话，一般都是先找一个事务律师。但是我们的规则今年改了一点，如果内地的律师需要一些所谓的法律意见，香港的法律意见，可以直接接触香港大律师，不需要通过香港的事务律师。所以如果内地这方面需要什么香港法律的意见，要么就找香港的事务律师，要么就接触香港的大律师，都可以。具体怎么做，可能这里很难详细讲。但是两地的法律交流，律师的交流是可以直接去这样处理的。

8. **问：**如果控方指控被告人犯盗窃罪，但是经过审理，更符合职务侵占罪，陪审团是否可以宣告这个改变为所谓的职务侵占罪，而不是盗窃罪？

答： 这个不难处理。在我们的刑法当中，好多控罪都被我们称为交替控罪，怎么交替控罪呢？比如如果控告被告人偷窃，但是最后证据显示更接近处理赃物、处理偷窃来的财产的话，法官引导陪审团的过程当中，会告诉他们可以考虑被告人是不是犯了这个偷窃的罪，如果他们觉得过程当中更接近所谓的处理赃物、处理盗窃财产罪的话，他们可以宣告他盗窃罪不成，但是处理赃物则罪成，都可以。等于陪审团可以裁定一个人谋杀罪成，但是如果觉得他谋杀罪不成立，认为他是误杀，陪审团有权把这个谋杀罪裁决为误杀。关于这个职务侵占罪，我们刑法没有这个罪，但是原理是一样的，如果法律规定某些罪有一个交替罪的话，法庭是可以裁定那个交替的罪罪成的。好，谢谢大家！

02 交叉询问的方法与技巧（一）

一、香港律师制度简介

（一）律师的出庭权

各位朋友，大家好！刚才朱律师介绍说我是大律师，也许部分朋友对香港这个律师制度不完全了解，为什么前面有一个大？大并不代表地位。我想在开始的时候先介绍一下香港的律师制度，这是一种英国的制度，我们有两种律师，大家的背景都一样，大家的教育、培训几乎也一样，一种我们称呼律师或者事务律师，英文是"solicitor"，另一种是大律师，英文是"barrister"。比例方面，目前香港我估计有一万多事务律师，大律师现在有大概 1 400 多，所以比例差不多是 7∶1。

我刚才说我们的背景，我们的教育培训制度一样，但是在专业方面有分工，刚才朱律师说的对，我的工作主要是诉讼，是出庭的意思。事务律师也可以出庭，但是他们的出庭有限制，什么限制呢？就是在基层法院他们有出庭权，在中层的我们称区域法院他们也有出庭权，到了高等法院，他们的出庭权就受到限制了。高等法院的审讯，他们不能代表客户站起来讲话，必须要我们，所以作为一个大律师，我们拥有行内称为无限制的出庭权，从最低的法院到最高的法院，我们都有出庭权，有参与诉讼权。事务律师的出庭权只限于基层、中层，再高一点，他们必须要委托我们。这个是一种行内的分工，当然有特殊的意义，等一下我再介绍。

我介绍这个背景之后，大家能更了解香港的诉讼制度为什么是这样设计的。作为一个大律师或者诉讼律师，我们有无限制的出庭权，从最基层到最高层的法院都有出庭权。实质上，无论是基层法院、区域法院、高等法院，香港的事务律师更宁愿我们来出庭，因为我们是专门做诉讼的，比他们有经验，而且我们这种出庭的技巧都是训练出来的。

（二）律师的分工

其实我们这几天在这里研究的就是诉讼的技巧，所以我今天只是跟大家分享我们这种出庭的经验，我们的技巧，我们怎么样把我们的诉讼能力发挥得更好。我们是诉讼律师，事务律师不全办理诉讼，他们做什么呢？各类法律事务都做，房地产买卖、合同，他们都做，但是到了诉讼的时候，他们就委托我们。其实行业里有一种听起来大家觉得很奇怪的分工，你们去香港看到有一些所谓的律师事务所，在内地到处都能看到，100%都是事务律师，不是我们。我们是不会这样公开把我们所谓的什么事务所展示出来的。普通的一个社会公民要找律师，绝对不能找我们，这个是违规的，他们必须要先找事务律师，跟事务律师解释他们遇到了什么法律问题，以后如果他们需要诉讼的时候，可以通过事务律师来委托我们。普通的社会公众绝对不能直接来委托我们，也不能直接走进我们的事务所里面找我们，他们要打电话给我，我也不接。这个制度的设计，就是故意把大律师，就是这些专门诉讼的律师，跟社会，跟公众分开来。

如果有大律师故意直接跟一些客户见面，接受他们的委托，包括收取费用，在我们看来是严重违规的事情。这个违规严重到什么程度？后果就是肯定被大律师公会纪律处分，最严重的可以取消资格。所以大律师直接接受公众的委托，不通过事务律师，办理案件的话，在我们来说是严重违规的一个事情。这听起来很奇怪，但是，香港普通法的制度是不会做一些没有原因的事情的。这个制度的每一项程序或规定，背后总有一个原因。

刚才我说了，这是英国的制度，英国这个国家很有意思，他跟欧洲大陆的思维有些不同。如果大家对西方的法律史或者哲学史有一些研究的话，可能都听过英国几百年来的哲学有一个重要的传统叫经验主义。今天我不谈哲学，只谈英国这种思维：必须要见之于经验，以经验为基础。不用经验，不用科学的论证去说服他，他不相信，他不相信抽象的东西。普通法或者英国这种制度有一个特点，就是它的法律制度见之于一种案例制度。在普通法体系里面，法律关键的一个来源就是案例。我们基于无数的案例，亦即判决，建立一个很大的法律体系，所以法律是见之于案例的，案例就是经验。有诉讼，有纠纷，拿到法庭来处理，有了一个裁决，成为案例，成为一些法律的原则，以后根据这些原则来处理法律，这是英国法律的一种特点。

同时，律师的制度也见之于一种经验，一种几百年来的实践经验，发展出这种对律师进行分工，把大律师和事务律师分开来，从事法律专业的制度。英国和香港的制度下，律师的经历到今天都是一样，法学院本科毕业以后，再修一年专业的课程。以前在英国（包括香港），法学院是 3 年，现在变成 4 年了，传统是 3 年，3 年毕业以后，多加 1 年的专业考试。通过那 1 年的考试，才能得到律师的资格，所以就是"3+1"才能当律师，现在是"4+1"才能当律师。

我自己以前"3"以后，修读那个"1"年。英国制度是把这个"1"分开两门，如果你想当一个事务律师，你要读"solicitor"，如果你想当大律师的话，你就修大律师那一年的课程。我修的是大律师那个课程。通过了以后，才得到这个资格。我们的背景都是这样，所以我们的训练就是如果你是事务律师的话，你一年的专业训练是专门让你学习如何当一个事务律师。如果你想当一个诉讼律师或称大律师的话，那一年的课程就专门训练你如何当一个诉讼律师。诉讼律师应该有的知识，就是在那一年里面得到的，这个就是传统上我们这种教育的背景。

今天的香港也差不多是这样，大同小异，也是法学院多加一年的课程。拿到这个资格以后，不等于马上就可以执业，到今天为止，如果你是一个事务律师的话，必须要在律师事务所里面花两年的时间，当一个实习律师，通过了两年的实习律师，才能有一个全面执业的律师资格。这条路是这样走的，挺长。如果你想当大律师的话，通过了我刚才说的那个专业考试以后，还需要一年的时间跟你的师傅学习。对于刚从法学院出来的你，书本上的东西不能马上保证你有具体和足够的工作能力，所以一个学生，一个学徒，还需要跟其他的师傅学习实际诉讼的技巧。一般那些大律师学徒一年之内至少跟两三个，有时候是四个师傅，学不同的技巧。现在规定了，必须都有最少一个刑事和一个民事工作的师傅，如果你将来想从事刑事比较多，你选择刑事的学习时间可以长一点，其他民事或者商法都可以，民事、刑事这种训练必须要具备。香港的律师走的路就是这样，这是普通法的一种特点。

为什么我们要这种分工呢？这跟今天我们在这里探讨诉讼的技巧有关系。各位朋友也许你们会觉得诉讼是非常独立的一门技巧，真的，我们需要不止在书本上、在课堂上去学，更重要的就是靠实践不停磨炼出来。大家可以想一想，一个普通的律师事务所，有些规模很大、人数很多，所以什么人才都有，有些律所人比较少，也许只有一个人、两个人、三个人，他们未必具备所有的人才，包括诉讼的人才。如果一个法律制度有这样的设计，有一小部分的诉讼律师，把他分开来，所有的律师事务所如果需要处理诉讼案件的话，可以从大律师行业里面委托一些他们认为有能力、有足够知识、有足够经验技巧的大律师，帮助他们从事某一种诉讼。对于很多事务律师来说，这个是好的制度安排，因为一个普通的律师事务所，哪怕有 5 个、10 个、20 个人，但是总会遇到客户找他们提出一些有关他们不熟悉的法律的案件，他们可能没有这方面的诉讼人才。如果他们没有的话，他们也帮不上这个客户，勉强去做，对客户一点好处都没有。因为客户区别不出这些律师有没有这个能力，他以为你是律师，你就是全能，但是没有人是全能的。如果一个普通的律师事务所遇到客户找上他，委托处理最困难的、最不熟悉的一些案件，如果有大律师这个行业的存在，让事务律师去委托合适的大律师参与案件的话，对他们来说是有好处的，对社会更有好处，所以普通法有这样一个制度的设计，把律师跟大律师隔开来。于是，大律师这个行业，或者说诉讼律师的资源，他的存在原因是如果社会有需要的话，从那边可以自由使用，但是这资源不能被垄断。

为什么不让客户跟我们直接联系、直接委托呢？在这种制度安排下，等于普通的社会公众不能直接跟大律师沟通，不能跟他们联系，大律师也不必跟客户应酬。在我这么多年的工作里面，有一点我个人觉得非常幸福，你们可要羡慕我这种幸福，就是从来不需要跟我的客户去吃饭喝酒。因为他们不能直接找我们，我们不用直接跟他们见面，不用跟他们应酬，那我的生活就宁静很多了，所以我觉得我从事这个行业可能最有福气的一点就是这样，不必应酬，非常宁静，我们可以安心宁静地去办理案件。我们接到案件委托，是从律师那边来，他们把卷宗送过来，写清楚这个案件是什么和委托我们做什么。如果我有需要，例如要见我客户的时候，我可以跟他们开会，开会的时候，必须要律师陪同他一起来。如果我的客户来我的办事处跟我开会，他的律师还没到的话，我就请他单独坐一会儿，等到委托律师来时，我才跟他见面。我们是从来不会在委托律师不在场的时候，跟客户说话的。客户要是打电话过来，我的员工也不会让我接听他们的电话。大律师在没有事务律师在场时永远不会和客户进行任何沟通。

我们有这么严格的一种制度规定，另外还有一点很重要，就是钱的问题，我们也不会跟客户谈论费用的问题。我们收费是跟事务律师谈，由事务律师跟客户谈。委托我们的时候，我们收钱的对象就是我们的事务律师，收费多少，我告诉我的委托律师，委托律师告诉客户。客户不会打电话来跟我讨价还价，讨论钱的问题，跟我的事务律师讲就可以了。这样就引出一个很有趣的问题，如果我收不到钱怎么办？跟谁要？原来普通法有一个非常奇怪的、到现在我都不明白的原则，大律师这个行业在收费方面是非常没有保障的，如果收不到钱，我跟谁要？你以为既然是客户聘请的我，当然是客户付费了。我能不能向客户执行他欠的费用呢？答案是不行，因为法律上我跟他没有合同关系，是委托律师委托我的，所以不能执行。跟事务律师要呢，也不行，因为我没有给他提供服务，在普通法里面没有服务就没有义务付钱。那我跟谁要？答案就是谁都不能。

那就变成了大律师公会（Hong Kong Bar Association）跟律师会（Law Society）要订立一个协议，什么协议呢？我们的两个律师组织，跟内地的律协有点像，我是属于大律师工会的，事务律师属于律师会，两个律协是互相独立的，大家不从属。两个会订下一个协议，律师会规定了，事务律师的客户接受我们提供的服务以后，3个月以内应该付我们的费用，如果不付的话，事务律师就违规，律师会可能会惩罚他们。但是惩罚他们，不等于代表我们讨回我们的钱，惩罚他们对我没好处。大律师公会可能把那些律所的名字公布在我们内部的通告上面，以后我们不给他提供服务，他们就怕了。只能这样处理。

法律制度上我们是没有什么保障的，幸而这个情况出现得不多，因为行内有一种自律，大家都知道我们必须要合作，所以一般事务律师都会跟客户先要了我们大律师的费用，我们提供给客户服务以后，他们就付费。在律师事务所的管理这方面我不是专家，如果大家以后对律所管理感兴趣的话，我们请一些有经验的事务律师来跟大家谈谈律所的管理。有一点非常重要，律所的管理，钱的方面是非常重要的，他们有两个户口，一个是事务所的户口，一个是客户的户口。什么意思呢？比如买卖房地产，如果你的客户通过律师付费的话，律师收了房地产的费用，动辄就是几百万上千万，他不能把客户这些钱，放在律所的户口，必须要放在客户的户口。你放一块钱进去，拿一块钱出来，这不会出错。但是如果你把客户的钱，包括代表客户收大律师费用的钱，放进律所的户口里面，肯定会出乱子，你肯定会把钱搞乱了，所以律师会有一个非常严格的规定，钱是分开的，他们收了大律师的费用，就把它放在客户的户口里面。以后付我的费用，就从这个户口拿出来付我们，那就不会错了，这都是很严格的。律师绝对不能动用客户户口的钱，动用也是非常严重的违规，这是有诈骗成分的，可以有刑事责任的。

这些都是我很简单地谈我们所谓的两个律师的背景。所以一般来说，关于律师的出庭权，虽然事务律师也有一定的出庭权利，可以代表诉讼，但是他们宁愿更多地聘请我们。大家可能心里在想，要是这样的话，等于客户聘请律师要付两个律师的费用，不是很贵吗？本来找一个律师就可以办理案件，为什么要找两个，多付那么多的费用？其实事情也不是那么简单。为什么呢？我们处理法律的经验，不知道各位在你们所里面有没有这种经验，普通的一些诉讼案件中很少有一个律师就可以办理得来的官司，经常都是一个团队，稍微复杂一点的案件，需要更多律师，所以多请一个大律师帮助一个案件，并不特别增加他们的费用，反而有时候可能更便宜。为什么呢？律师收费经常就是看他的声誉、资历，看他在行内有多丰富的经验，他的生意怎么样，他的能力怎么样，比如名声高的律师，他的费用很高。但是有很多案件都比较简单，他们其实可以聘请一些年轻一点，不是最资深的大律师，他们收费其实并不高，但是相对于他提供的服务素质的话，其实钱是花得很值得的。反正你要一个团队，一个团队里面有一些更有诉讼能力，但是收费不贵的，对客户也是有好处的。

二、律师的操守

今天我们在这里谈到律师关于诉讼的技巧，无可避免，我觉得我必须谈一下律师的操守。因为我们谈到庭审各方面的时候，不能回避的就是律师的专业守则与伦理，我们专业的理想，这些价值观都是构成这个法律体系里面的一部分，我觉得光是谈技巧不够，必须谈一些价值。这个也是多年来无论是法学生，还是我们的徒弟在跟随我学习的时候，我经常鼓励的。我也想在这里借这个机会，把个人的一些想法跟大家分享。

我们谈这个诉讼技巧，其实是技术性方面的东西。但是我想一个律师除了技术，还需要多一点东西，我把它称为价值观。有时候我在跟我们法律系的同学或者一些年轻的律师分享经验的时候，会试着问他们一个问题：如何才是一个好的律师？那些年轻人有很多想法：好的律师读书成绩好，法律知识很丰富，办事能力很强，认真、态度好。我说都对，这些都是好的质素，但是你们谈的都是技术性的东西，一个律师除了有技术，我觉得也应该有一种价值观，对法律尤其对法治应该有追求。如果你是一个技巧很高的律师，你赚钱肯定非常有能力，毫无疑问，因为你的技术很好。但是只懂得赚钱的律师是不是对我们社会有益呢？是不是老百姓的福气呢？倒不一定，如果你的价值观是，对正义没有追求，对法治、对人权、对社会公义都没有期待的话，我想你只能是赚钱的律师，但是对促进我们国家的法治并不一定有好处。我觉得一个好的律师，除了有好的技术、诉讼技巧之外，还需要对法律有一种尊崇、尊重，有一种要求，这个才是有价值型的律师。所以好的律师要有技术，还要有价值，你要问自己是一个技术型的律师还是一个价值型的律师，我觉得应该两者都有。

（一）价值观

开始的时候，我觉得我需要谈谈律师出庭的时候，或者对待客户的时候，应该有哪方面的一种价值观。首先是这样的，这些价值观，都在我们行业守则里面写清楚了。还有我们的最高法院的判例里面有时候也谈到律师应该有的价值，我只需要简单说一下，有几条比较重要。作为一个诉讼律师，我们有一个指导的原则，在我们出庭的时候，我们的任务是什么？这个任务就是一句话，协助法庭伸张公义，英文称为"to assist the court to administer justice"。其实这个原则，我觉得不仅适用于律师。多年来，我跟中国的律师界、司法界人士见面的时候，不止一次提过这个观点。在不少研讨会里面，我曾向出席的我国的法官表示，应该把律师当成朋友，不是敌人，包括控辩双方都应该有这个态度，辩方和控方不是敌人。当然在庭审当中，比赛的时候，我们是对手，但是我们应该明白一个道理，就是我们并不是敌人，因为我们都有一个共同目标，这个共同目标就是执行公义，当然包括法官。普通法的法官非常明白这个道理，法官是很依赖律师来帮助他去执行公义的。

我下面会提到很多方面，大家就更明白我们为什么会有这个原则了。刚才我说普通法的原则不会没有道理，不会是抽象、无缘无故的，都是有非常具体、非常重要的现实的需要。律师作为法律工作者，首要的任务是协助法庭伸张公义。大家可以想一想，对我们的社会大众，对我们的老百姓来说，如果你跟他们谈法律的内容，那么抽象，也许老百姓会觉得法律是什么，他们不太明白。但是如果你问老百姓什么叫法院，他们肯定懂，因为法院是具体存在的东西，一栋大楼里面有法官，有打官司的活动。所以庭审我把它称为是一种法律的具体化，就是法律具体呈现就在庭审这个过程当中，让公众可以看到国家的法律就在这里得到执行，所以庭审是一个非常严肃的活动，法庭是一个非常严肃的地方。参与这个活动的人，法官、控辩双方的律师、检察官，他们都是参与这个非常严肃的活动的一分子，所以他们的态度应该是：我们来这里的一举一动，都代表法律，让法律得到彰显，让法律在人民、在社会面前呈现它的意义。大家在这里参与，就有一个目的，如何让大家在这里看到法律得到公平公正的执行，这个原则应该是非常非常明确的。

如果我们把庭审各方，法官、检察官、讼辩律师变成一个对立体的话，是不健康的。在普通法里面，坦白说，在庭审当中，当然有对抗性，普通法庭审就是一种对抗性（adversarial）的制度。在香港或者在普通法传统中，法官和控辩双方所有的大律师，其实是互相尊重的。刚才我说了，所有的大律师开始执业前都是跟从师傅学习，我们也许会在同一个所里面工作。普通法这个体系里面的法官从哪里来？在内地，我们的法官通过司法考试以后，在法院里面当助理或实习法官，慢慢升到法官。普通法的法官都是从律师尤其多半是从大律师来的。我们法官90%以上以前都是大律师，因为我们是诉讼律师，我们从事的工作主要是庭审，对庭审比较有经验。法官每天的工作就是主持庭审，因此法官多半是从大律师、诉讼律师里面委任的。大律师担任法官是很自然的事。如果他以前是大律师，以前我们认识吗？当然认识，很多法官以前要么和我们在同一个所，要么经常一起打官司，以前他是检控或者辩护，现在变成我们的法官了，也许这个法官是我的师傅，也许这个法官是我的徒弟，也许是以前法学院的同学，所以大家都认识。

认识归认识，我们也会互相尊重。但是有一条线我们守得非常严，就是我们跟法官见面，哪怕那个法官是我们以前的同学，以前是我的徒弟，或者以前是我的同一个所的大律师，见面的时候也不要谈他的工作，你可以说是避免利益冲突，避免尴尬。遇到一个法官，例如他曾审理过我的案件，我见到他以后，不会抱怨他"为什么你判我败诉，不给面子"等。我们绝不会谈，这个我们非常自觉，这自觉行为守则我们守得住。

有一个我个人的例子，在我们来说，是自然不过的事情，但是好多其他的司法区的朋友，例如我跟一些外国朋友谈过，他们都觉得有点不可思议。几年前，北京有两位官员去香港廉政公署进行考察，持续差不多一个月。期间他们来访问大律师公会，当时我也有份接待他们，当时我们的主席是一位香港本地印度裔人，他的粤语说得很好，普通话则一句都不懂，所以他还是用英文交谈，两位官员讲得是普通话，我们让一个朋友坐在公会主席旁边给他翻译。过程当中，官员问我们一个问题，说香港的大律师跟法官有没有"串连"？我想你们明白这是什么意思吧，什么"串连"？翻译有点弄错了，翻译成"香港大律师跟法官的联系好不好"；我们的主席答说，我们的大律师跟法官的关系挺好的。我知道他是什么意思，我要纠正他们这个理解。我当时马上说了一个事例：大约半年之前，我处理过一个终审庭的案件，对方上诉我们的；我们的终审庭审理案件，五位法官包括首席大法官坐在那里，对方的资深大律师先作上诉陈词，然后我方也陈词。那是一宗普通的民事案件，五位终审庭法官听完以后便退庭，一般两三周之内或最多不超过一个月，他们会颁下判决。聆讯结束过了几天，对方资深大律师给我打电话通知我说，这个周末他会参加一个社交晚宴，晚宴当然有很多人参加，他预料首席大法官会在场。由于案件未有判决，他表示即使宴会中遇到首席大法官他们也肯定不会谈论到我们的案件，但是他认为有必要先通知我，征询我是否反对他参加那晚宴。我当然毫不犹豫地表示我不反对他参加，我也半点不会怀疑我的大律师朋友和首席大法官的个人诚信。我们不会怀疑我们这个朋友会跟首席大法官单独见面时候说一些对他有利，对我们不利的话。试想一想，我的朋友周末跟谁吃饭，我怎么可能知道？此外，一般我们的法官如果有一宗案件还没有判决，或者正在审理的情况中，他是绝对不会单独跟其中一方的大律师见面，要么就是两方都在场，哪怕是一个社交的场合。所以我的大律师对手就预先通知我并询问我反对不反对。当然这么小的香港，这么小的一个公会，大家谁都认识谁，但我们不会怀疑同僚的诚信。当时除了表示没关系，我不反对，我也通知了我的事务律师，事务律师也说不反对，那就这样了。这就是我对"串连"的回应。

　　该案件最后判决我们赢了。但更重要的意义是，大家想一想，这种专业内的行为规范，在法学院里面你的老师不可能会具体地教导你，告诉你说"如果案子没审完，你跟其中一个法官有机会晚宴的时候要通知对方"，老师不可能讲得那么细。但是当你在这个行业里面，你应该自动懂得一些守则。我们中国人有句话，行为不要"难看"，也许实际内容没有发生什么不对，也没有发生恶劣影响，但是"难看"就会让形象不好，就已经很糟糕了，所以千万不要做一些影响形象的、难看的、导致有人怀疑的事情。在律师行业里面，我们要懂得如何避免会引起人家心里不安、引起怀疑的事情。当我的对手通知我，问我反对不反对他参加首席大法官同时参加的晚宴时，如果换了是你们，你们会怀疑他的诚信吗？我想你们也不会怀疑朋友的诚信吧。但是，这种行为，如果你不做这一步，人家以后知道的话，可能会批评你。虽然没有引起什么不诚实的后果，但是至少会令人家怀疑你，引起猜疑，那就不好了。我想，一套有公信力的法律理念，必须包括由很多人共同努力、自动自觉地去遵守的行为价值观。这种彰显价值的行为守则在普通法被称为"etiquette"；律师的训练，除了技术性的培训，也包括他个人的专业诚信、诚实，知道什么时候该做什么事情。我想一个法治的社会，必须要有一种法律专业内的文化氛围，连带普遍社会大众对法律专业有信任，也包括对司法、对法官、对律师普遍抱着一种信任的态度，不然的话，我们这个所谓建立法治社会的目标，其实就是虚的，只会流于口号。

（二）礼貌守则

谈了那么久，有一点是这样的，在庭审里面，有一些礼貌守则，我们是应该遵守的。

首先，出庭千万不要迟到。迟到是非常糟糕的，因为迟到等于浪费了法庭的时间，也浪费了对方和很多其他人的时间。

其次，我们的服装要检点。这方面，我们的律师行业是有指引的。出庭的律师，比如大律师在出庭的时候，穿的衣服虽然没有指定颜色，但必定要深颜色，千万不要花花绿绿，不能是浅颜色，你总不能穿一件黄色的外衣吧，太恐怖，红的更恐怖了。一般我们都是穿深的颜色，系领带。女的也是差不多一样，有一个女性衣装指导，女的大律师在上庭的时候不应该化浓妆，不应该戴钻戒、耳环，喷香水，千万不要像赴晚宴、参加派对似的，要庄重。这些都是一些基本的守则，不然法官是可以批评你的。

我们的庭审都是公开的。大家如果有机会去参观，你们会看到我们的坐法跟内地的司法区有些不同。法官坐在我们前面稍微高一点，法官前面稍低一些是长长的一个桌子，一般都是控方在右，辩方在左，这个是刑事。民事方面，原告在右，被告在左。一般我们都有两排以上，后面一排长长的桌子是谁用呢？就是我们的委托律师，他们坐在我们后面。他们必须要到庭，坐在那里，如果开庭的时候，我的律师仍没有到的话，我会站起来跟法官道歉说"对不起，我的委托律师还没到"。因为我出庭的时候，他应该陪着我，如果我已经到庭了，他还没到，法官有可能暂时不开庭，等着他到了才开庭，也说不定，有时候法官说这么简单的事情，开吧。但是我肯定会跟法官道歉。坐在后排的人，他们穿的衣服跟我们差不多，也不能穿浅颜色，花花绿绿一定不行，也不能不系领带，这是不礼貌的。

我刚才说过，在跟法官讲话时，除非有特殊的原因，我们都是站起来的。法庭公众座席的地方，可以没有那么严格。但是哪怕是公众座席，对衣服没有那么严格的限制，公众也总不能穿着拖鞋进来吧，总不能穿着背心进来吧，这是非常不尊重法庭的仪容，法庭可以请你出去。我们的庭审，因为要保持法庭的庄严，都不允许人在里面看报纸，包括公众，我们也要关掉手机，因为闹的时候，对大家有很大的影响。现在我们的法庭里面有 wifi，用 wifi 可以，但是不能有声音。我们在庭上，如果发现我们要找一个案例来支持，我的事务律师在后面可以打开 wifi 找一个案例，或者法律条例，然后交给我看，这是允许的，但是绝对不能有声音，这些都是基本的礼仪。

我不太清楚在内地互相称呼有没有一些具体的指引，我想都应该有吧，称法官、辩护律师、检察官，我们也是差不多。但是因为普通法毕竟也是一套英语的法律体系，我们对法官都有不同的称呼，这个太麻烦了，今天不详细讲。从裁判法院、区域法院，到高等法院，我们对法官用英语来说都有不同的称呼。但是对我们对方，我不懂得怎么翻译，翻译可别扭了，真的不容易。如果我们互相称呼我们的对方大律，在我们法庭里面，用中文就是把他们称呼为"我的朋友"，但是不止这么简单，因为朋友前面还多了一个字，"我有学养的朋友"，我们是这样称呼的。学习这个字就是"learn"，"learn"多加一个"ed"，"learned"，英语意思就是一个有学问的、学问渊博的、很有学养的人，所以我们称呼我们的对手就是"我很有学养的朋友"（my learned friend）。怎么翻译我就不懂了，要是翻译成"我有学养的朋友"，还不如干脆就是"我的朋友"。所以中文这种礼貌的语言没有英语那么丰富，也许英语礼貌得有点过分吧！

总的来说，这种礼貌的语言在我们庭审诉讼的语言当中是很丰富的。现在很难一条一条在这里讲，而且大律师作为师傅，我们会教徒弟如何使用，不然的话，在庭上人家觉得你还欠一点礼貌，还欠一点尊重。如果大家有机会，有这个兴趣，多看一些普通法的案例，可以看到不少。英国普通法传统包括香港有无数的案例，其实所谓的案例就是判决书。所有这些判决书里面，坦白说，我自己学法律这么久，一直都有一种感受，普通法浩瀚案例根本是人类文明的遗产。每份判决书、判词，都写得充满文采，充满对法律的思考分析，用的都是庄重严肃、礼貌得体的语言，本身就是文学，所以我觉得无数的案例加起来，根本就是人类文化发展过程当中积累的一种遗产。光是这个就已经很了不起，这个不是属于某一个国家，是属于全人类的。

此外，今天欧洲人权法庭，现在应该是全球人权判案最权威的中心，当然他处理的案件都是欧盟国家的人权案件：言论自由、新闻自由或者政府的权力使用不当这些纠纷。但是他的判例，我觉得肯定是几十年来，这个世界的一种文明的最高峰，因为他的水准，解释法律的水平、质素，对现代人权法理论的分析，都是我们学习的对象。

我觉得光是看这些判决书，除了学法律以外，我们也看到它是现代文明的一种反映，一种呈现。无论怎样，律师在庭上的礼仪，讲话的态度，本身就是这文化的一部分。不止对法官，不止对我们对方的律师需要这种礼貌，马上我们会谈到，对出庭作供的证人也一样。

以上都是普通法的庭审及其他方面的若干原则。

我今年初的时候跟吴宏耀老师讨论过关于这些庭审技巧的培训，我提出过一点担忧。我当然乐意把我们的庭审与诉讼经验跟内地的律师朋友分享，但是我只能讲，这是普通法体系里面的技巧，会不会跟内地的制度有点出入？能不能够配得上？吴老师当时有一句话打动了我，吴老师说，这个构想是面向未来的。虽然我们今天的庭审，律师技巧各方面未必能充分地发挥，但是国家总是应该往前走，社会总是往前走，制度应该期待往前慢慢进步。到了某一个阶段，我们律师必须要具备足够的能力、技巧、经验，去迎接往后的发展。如果到时候律师都没有具备这种能力的话，这个制度永远都不能进步。那天也许还没到，但是我们也要做好准备，这个是面向未来的工作。吴老师的这个想法令我非常感动。

我就把我们庭审的经验跟大家来分享。我非常肯定，国家的庭审制度以后的发展，无可避免也是要走这条路，就是发挥律师的诉讼技巧，讼辩的技巧，发问的技巧，这些属普世的事物。发展规律只有这么一条，你总不能一方面要跟世界踢足球，另一方面却只坚持中国的方式和水平，拒绝用当今国际的方式和水平去踢，行吗？人类可以上太空，俄罗斯可以，美国可以，中国可以，印度日本也快可以，用的科技原理大同小异，总不能不参照他们的科技原理，用我们自己的，那是什么意思？大自然的规律只有一条，你必须要遵照这个规律。我想庭审也是，如何从证人的口中找出真相，找出事实，都是同样的技巧，都是差不多的。我非常肯定，往后如果我们的律师具备这种庭审发问的技巧，不论香港或内地，这种技巧将会是大同小异的，在这方面我们将会是共同的，这方面我们的诉讼技巧经验我希望大家会觉得有用。

三、证据规则

之前谈到我有一种担忧，会不会香港这种诉讼的技巧，在内地不能使用？这点担忧一直都存在，就是香港诉讼律师在庭审发问的时候，是运用我们的证据规则，这方面恐怕跟内地有点差异。普通法的证据法是一套颇为完整的系统。普通法证据法主要的一个目标，一个最重要、最关键的目标，英文叫"admissibility"，中文是"可采纳性"。我们在庭审当中，不论如何对证人发问，陈述我们的意见，总离不开同时运用证据规则，这一点希望大家可以理解。

内地在证据法方面，跟香港有很明显的差异。我们的证据法最关键的一点，最关心的是证据或者诸等事实在庭审中可不可以被采纳，能被采纳的都把它加进来。我知道内地的证据法把证据分为七种，文件证据、事实证据、专家证据等，我们没有这种分类。其实在实践方面以上这些都有，但是我们不会故意把它们这样分类。因为如果真的要这样分类的话，何止七种证据，肯定比七种更多。但是在庭审当中，我们不需要这样具体把它分类，我们只需要考虑一点，这些材料能不能被采纳，能不能拿进来用，能拿进来用就把它拿进来，不能拿进来，就把它排除掉。也许不一定是非法的，但是只要不能被采纳，不可靠，就把它排除。

为什么有这个观念呢？这个必须要谈到制度方面，或者谈到一些历史方面。为什么普通法的证据只关心什么能被采纳？不能被采纳的便把它排除，能被采纳的便接受，就按照能被采纳的证据去考虑事实能不能得到证明。如果大家看一下英国的普通法是如何发展起来的，就更容易明白了。传统上，英国这个国家的法院都是地区的，在地区上是他们的老百姓、他们的公民自己来做裁判的。简单来说，一个地区有纠纷，无论是刑事、民事，不管什么纠纷，这个地方有威望的人，受敬重、有名望、有地位的人，由他们来组成一个裁判组，由他们去处理。双方需要把他们的理据提出来。大家想一想，他们思考的都是事实的问题，不是什么很复杂的法律原理，结果，渐渐地，许多的法律原理便被梳理出来了。地方上的普通公民审理公民自己的纠纷，当然只是用常识来思考，用经验来思考，基于他们当地人自己的道德标准、当地的观念、常识、普通人的逻辑来思考，然后他们裁定这个案件应该怎么样判。慢慢地，无数的先例形成了一项一项的原则，这些先例、原则，变成有约束性的原则，就是法律。这就是刚才说的，英国是一个经验主义的国家，慢慢地，他们的庭审产生出陪审团制度。大家知道，陪审团就是坐在刑事庭里面，听案件，听证据，听法官的引导，然后裁定。他们只有一个任务，裁定被告人有罪还是无罪，罪成由法官判刑。在香港，陪审团是 7 人，也可 9 人，最多不超过 11 人。陪审团来自哪里？当然就是普通市民，普通市民一天都没有上过法学院，一辈子都没走进法庭里面，第一次来到法庭，便负有一个任务，决定这个人谋杀成立还是不成立，那么大的一个任务。对于他们来说，你必须要把事实陈述得很清楚，把证据陈述得很清楚，而且你必须要把法律原则用很简单的语言解释出来，令陪审团明白你在说什么。

问题就来了，刚才我说他们一天都没有上过法学院，他们都接受过足够的教育，但是没有上过法学院，没有听过庭审，没有来过法院，第一天来，就坐在陪审员那个位置，听所有的证据，法官、检控、辩护律师有一个任务，必须要在整个庭审当中，把证据说得非常清楚、非常准确，用容易懂的方法，令陪审员明白你在说什么。这很考验律师的口才、智慧、表达能力等。因此，我们必须能够令他们有机会和规限于只能考虑应该考虑的证据事实，而不让他们考虑不应该考虑的东西。

举一个例子，如果现在高等法院刑事庭在审理一个非常轰动的谋杀案件，可以想象舆论有很多讨论，媒体有很多讨论，社会民情汹涌，这个人不杀不能平民愤等等。这些意见陪审团应该不应该考虑？当然不应该考虑，考虑就没有公正了。我们必须要提醒陪审团：外面的讨论虽然你们可能听到了一点，但是，请你们不要理会，可能外面有很多谣言，说这个被告人杀人之前，跟这个死者的家人有很多仇恨，有什么纠纷，那都是谣言。这些消息或数据能不能被采纳？当然不能被采纳，在庭审当中，都不许进来，这就是把不应该考虑的东西都排除。把关于这个谋杀案件所有有关的能被采纳的证据拿进来，向陪审团陈述出来，控方的材料就那么多，请他们按照这么多的事实材料，作出一个裁决，如果他们说成立、有罪，那就有罪，无罪就无罪，也许裁决是一个说无罪，六个说有罪，那就按大多数裁决罪成。在这个制度背景下，庭审必须要非常非常谨慎。怎么谨慎呢？如果你把一些不公平的、不适当的、真实性存疑的、不可靠的事实，加进庭审中来，成了证据的一部分，那就有可能误导陪审团，误导判案的人，令判决不可靠。所以几百年来，普通法有一个非常重大的原则，就是证据法必须要非常严谨，什么证供可采纳，什么不能采纳，什么材料如果引进来的时候，可能产生不公平，必须要把它排除掉。

诉讼律师在庭上发挥诉讼技巧的时候，要非常小心。应该怎么小心？举一个例子，有一种证据原则上我们是应该排除的，叫传闻证据。如果有一个证人坐在这里作供，他说他认识这个被告人。怎么认识的？他是他的邻居，已经有 3 年多，住在他的隔壁，虽然很少交谈，但是他认得他。那他对他的了解有多少？他听说这个被告人以前读书的时候经常跟人家打架。这个是传闻，第一，这是他听回来的东西；第二，他没看到；第三，打架跟这个谋杀没有关系。这些传闻加上不公平的证据，必须要排除。如果有证人在庭审中开始说这种传闻证据的话，法官肯定会阻止他。所以诉讼律师必须掌握这个技巧，当然还有快速的反应，我们必须要对证据法的运用掌握得非常好，反应必须要快。不然的话，他说了这些本来是不公平的话，而且是所谓的道听途说的话，就可能使陪审团对被告人产生偏见，因为陪审团区别不出什么叫传闻。听说他小学打架，中学也打架，后来打老婆，那些全都是对他不利也不公平的话，对于陪审团来说，会产生偏见。错误引进应该被排除的证据后果是什么呢？如果被告人被定罪的话，他的定罪有可能经上诉被推翻。因为庭审当中，无论法官还是律师都不允许一些本来不应该接受的，不应该采纳的证据被引进来。这方面，律师对证据法的掌握必须要非常充分和熟练。今天我们在这里不是谈普通法的证据法，各位朋友对内地的证据法比我更熟悉，我在这里就提这么一点，在我们庭审询问证人的过程当中，要把证据法牢记在心里，熟练使用。

四、公诉人的职责与辩护律师的作用

另一点我必须要说的是，香港的检控有他的检控政策指引。这方面我今天没有时间详细讲，但讲一条最重要的，就是检控方，等于内地检察院，最重要的一个功能或任务，并不是千方百

计要令被告人被定罪，这是一个思想误区，大家要小心。公诉人或者控方的任务该是公平地把他手上的证据材料，在庭审中陈述出来，让陪审团裁定这些材料足够不足够认定这个被告人有罪。作为公诉人或者控方，这才是我们理解的正义，才是司法公义，让手上可被采纳的证据陈述出来，让法庭裁决足够或不足够定被告人有罪，而不是非要把他钉死，把他定罪，如果是这样的话，可以想见这里有一个危险。

我听说，只是听说，检察院对定罪率是有一种所谓考核记录的，如果某一位负责公诉的人员年内的脱罪率高的话，他可能面临问责。如果有这个情况，我认为这是非常不正常、不健康的。问题在哪里？就是公诉人个人的前途跟能不能"钉死"一个被告人挂钩，你觉得这健康不健康？公诉人跟法官、律师一样，只应该考虑实现法律公义，然则如果变成"我不把你弄死，我的前途就没了"，那我肯定要把你的案办成"铁案"，这个符不符合公义的原则？当然不符合。一个公诉人能不能把一个被告人定罪，不在于他能不能令被告人罪成，而在于他在庭上处理案件时专业能力表现出来的好不好。再者，不能回避的问题是：究竟公诉人在庭上要捍卫的是司法公义，还是他的仕途？

对于控辩双方律师来说，一个没有异议的原则是，案件结果往往不是你能操控的。我们有一句话，就是"counsel is as good as his case"，作为控方大律师，你表现得有多好，往往就看你的证据材料有多好，如果你的材料就那么少，证据很不足够，很薄弱的话，如何能把被告人定罪呢？如果你只有三分的证据，最高的能力便只能发挥到三分。如果你只有三分的证据，居然可以发挥出八分的证明能力的话，多出来的五分肯定是伪造的、是假的。一个好的公诉人，应该也具有专业道德伦理，应该是公平的，把自己所掌握的材料证据，公平地、符合证据条例规定地陈述出来，没有多加，也没有减少，让陪审团能公正地作出裁定。这个才是我们所谈到的公诉的公义。

大家千万要小心一点，我觉得公诉人应该心里有一个原则，就是不应该受舆论的影响，不能由于社会民愤，便非要把被告人弄死，不择手段也要把他定罪。我想一个有独立工作能力，独立思考的专业公诉人，不应该受社会舆论的影响，而是按照自己的良知，对法治的信念，按照自己专业的能力去办事。舆论每每也在互相误导，这是我们的经验，舆论往往有很大的盲目性。所以我想所谓的司法独立便反映在这里，公诉人也应该公诉独立，应该不偏不倚。

普通法的检控政策，刚才我说的，公诉方该考虑的是能不能公平公正地把证据材料陈述出来，让法庭去定罪，而不是无论怎么样都要把被告人定罪。大律师公会有一项守则：在刑事案件里，负责辩护的大律师应该尽力去为刑事案件的被告人争取最大的利益。听起来，是不是不择手段、令他脱罪呢？不能这样说，因为刚才我说了，我们还有更高的一条守则，就是协助法庭伸张公义。大家可以想一想，哪一条更高？肯定是协助法庭伸张公义更高。在过程当中，我们会尽量替被告人争取最大的利益，包括如果他可以取保的话，我们应该给他申请取保。又例如，如果被告人面对的是极严重的控罪，但考虑控方案情后，我们判断控方虽然有足够证据证明他有罪，但是证据只是足够支持另外较轻的罪行，而不是最严重的那条控罪，我们就应该尽力为被告人争取另一个轻的控罪。

大家可能马上会在这里问一个问题，好多包括法学院里面的学生都问这样的一个问题：大律师如果你代表一个被告人，如果你明知道他有罪，你应不应该代表他进行无罪抗辩？我觉得在一个成熟的法律体系里面，这个问题是不会困扰我们的。首先，法治社会中，获得律师代表是基本人权，如果因为所有人包括律师们都认为被告人有罪，因而没有律师愿意代表他，这符合法治精神吗？其次，律师考虑的不是预先审判被告人，律师不应先自行考虑他有罪或者无罪，而是用我们的判断，决定控方的证据足够不足够令他罪成。当然，如果我们遇到一个客户说："那抢劫案件，是我抢劫他，但是，大律师，我要你给我进行无罪的辩护，说我无罪。"遇到这情况我会怎么反应？我是这样说："你准备认罪不认罪，你先想一想，晚一点再讲。我的责任是给你分析案情，给你提供法律意见，我的分析是，控方的证据是这么清楚，难以动摇，包括受害人清楚认得你，而且附近有录像，刚好记录下你整个犯案过程，中间把你所有的动作都录得很清楚，而且受害人的财物在你家里被发现了。你穿过的衣服都在家里被发现了，你告诉我，你是真的认为你能有机会脱罪吗？你自己想。"被告人坚持："大律师，我还是不认罪，虽然我有抢劫，但我不认罪。"碰到这样的情况，我们作为律师有两种处理办法，最干净的一个办法，就是退出这个案件，不代表他，因为在审讯过程中，由于被告人审前已经向律师承认了犯案事实，也承认某些控方证据，在这种情况下，律师如果继续代表他，但又要顺应他的要求在庭审中争议某些他私下已承认的事实，那么，律师便要冒着在庭审过程中蓄意误导法庭的危险。蓄意误导法庭，在律师专业行为守则中，是最严重的不当行为，是"死罪"。另外一个办法，处理这个案件，就是采取一种所谓技术性辩护，什么技术性的辩护呢？我们也许可以考虑挑战受害人的证供，例如质疑他看得不清楚，包括案发过程只有几秒钟，被行劫时，看得不清楚；

也许我们可以挑战控方提出的录像，指出表面上看不清楚，像度很低，能不能看清楚疑犯仍然存疑；他的犯案衣服在家里被找到？黑色的外衣有那么多，穿黑色外衣的人就是他吗？穿个牛仔裤？这城市有多少人穿牛仔裤？所以我们只能进行技术性的辩护，挑战证据的可靠性。当然，这是高难度动作。

不管哪种抗辩方式，谨记：我们的法院需要律师协助伸张公义，因此我们的法官信任而且也依赖律师的诚信。律师要是作出蓄意误导法庭的行为，除了违反诚信原则，更会严重损害律师与司法的互信，是对法治的破坏行为。

我的工作经验，例如办理刑事案件的经验里面，偶尔会遇到一些顽固的客户，死活都不认罪，但是不多。判刑方面，在内地叫什么？"坦白从宽，抗拒从严。"我不喜欢这句话，这根本就是诱供，是威逼利诱的一种做法。可是我们确实有一种坦白从宽的做法，很具体：如果被告人认罪的话，量刑以后，扣减 1/3 刑期。因此被告人都理解坦白认罪是真的有"从宽"的好处，如果一个被告人开始时坚持不认罪，然而，证据材料这么清楚，我会给他分析：你可以不认罪，你可以选择继续打下去，这样严重的抢劫控罪，你使用了刀进行抢劫，量刑起点是判囚 5 年，即 60 个月，但是你认罪的话，减 1/3，60 个月变成 40 个月，你要 60 个月还是 40 个月？你想怎么样？被告人多半会低头。

作为专业的律师，我们应该有一种思维方式，英文就是"think like a lawyer"，用律师的思维，不是用普通人的思维，去思考。经常有人问："如果他有罪，为什么还代表他抗辩？"这是寻常未受过法律训练的人的思维。作为律师，我以律师的思维，会明确告诉被告人："你有没有犯案，只有你自己才知道，我当时不在场，我不知道。我能告诉你的就是控方有这么多的证据材料，在庭上陈述出来后，你被定罪的机会是 99%，除非法官喝醉了，你还打不打这官司？但是你认罪的话，你有 1/3 的减刑，你要哪种待遇？"然后给他仔细分析控方的证据。当然如果有些人很顽固的话，我会用律师能够使用的"压力"，什么压力？其实是"说服力"："我接受你不认罪，假设我们现在开庭，控方的证据这样陈述出来以后，你可以选择作供自辩，你也可以选择不作供、不讲话，保持沉默。但是你如果要自辩的话，你怎么解释？看到警察提出的现场录像中你这个动作，看到你穿这件衣服，你的面貌看得挺清楚，过程当中，你的衣服、鞋子都看得很清楚，你能否认这个人是你吗？"他说"不是我。""好的，2016 年 10 月 25 日晚上发生这个案件，如果现场录像那个人不是你，就等于当晚你身在其他的地方，是吗？""我想不起。""怎么想不起？你自己在哪里都不知道吗？那个录像要么就是你，要么就不是你。如果不是你的话，你当时肯定是在另外的地方，你在哪里？"他说不出。"如果你否认犯案的人是你，然则你肯定有不在场的证据，但是你又说不出，那你怎么样辩护？"他多半就服气了。律师要说理，必须要用逻辑，令他折服。

一般来说，这个就是我们说的为一个被告人争取最大的利益。最大的利益就是既然你几乎肯定会被定罪，为什么不认罪好得到减刑？这也符合公义原则，尤其是刑事案件。案件开审不是开玩笑的，尤其是遇上所谓性犯罪案件，那些案件，女受害人有必要出庭作供，对她们来说是非常痛苦的，因为要把非常痛苦的经历再说一次。为什么非要让受害人把那些她不想再说的经历再说一次、再伤害她一次？对这些案件来说，如果被告人坦白认罪的话，对所有人都有好处。

当然也有例外，尤其比如一些性犯罪的案件，例如强奸，我们的经验就是那些案件一般不认罪的人，女性受害人多半都是跟被告人认识的，那类型案件，辩护的理由，大部分都说女方是"同意"的，那就头痛了：怎么样证明"同意"呢？只能让受害人来接受我的盘问，然后到被告人自己作供，讲述当时女方是同意的，那往往是一个非常多争议的地方。最后看陪审团相信不相信被告人，或者看陪审团最后相信谁。那时候，庭审无可避免会提到一些双方以前的交往，以前的关系等，往往都是非常痛苦的回忆。过程当中，我们的盘问不只是技巧，对证人要加点适当的压力，但又要给女受害人一些同情，又要给被告人一些体谅，总之，既使用压力，又带着同情，又带点体谅，这个要求的技巧就更多了。这都是辩护人的职责。

五、法官的角色

法官怎么样？法官可以提问吗？答案是法官当然可以提问，但是法官必须要明白自己的角色是什么。法官是裁判人，是公证人，如果一个法官问的问题太多的话，变成了一个参与打球的球证，已经超过了一个公证人的角色，那就不行了。踢足球，11人对11人，球证是公证人，如果他也参与打球，肯定是帮助其中一方，那就有问题了，所以法官的提问一般都很小心。法官提问的时候，只是提问一些什么呢？只是提问一些事实弄得不清楚、中性的问题，但是他的提问效果不会令任何一方觉得他在偏帮对方，或者产生不公平，法官提问一般非常注重这一点。如果法官问了太多问题，有一个严重的后果，就是不满的一方可以把这个当成上诉的理由，有没有成功的机会？绝对有成功的上诉案例，有不少。

我们以前发生过不止一次，我印象深刻的就是有一宗刑事案件上诉到上诉庭去，上诉的理由就是被告人被定罪以后，他觉得这个案件对他审讯不公平。为什么呢？他说法官参与这个审讯的游戏，问了70多个问题，为什么他能点出70多个问题？因为我的庭审都有录音，有需要的话，那些录音都写成一个文本，都会写出来。看呐，问了70多个问题，比双方的律师加起来还多，那就不行，因为变成了法官积极参与比赛，很容易对于一方不公平。法官也许说这没有不公平啊。但是，至少形象上很不好看，刚才我说了，事情弄得难看已经不好了，你是法官，是中立的，为什么你那么热情参与问问题？那就等于这个法官他所谓的中立性就可疑了。中立性可疑，那就变成了这个法庭不够公正。

普通法其实有很多法律原则没有写出来，但却是我们严格奉行、人人遵守的一些原则。公义是最高目标，在法庭里面不止执行公义，执行公义的过程必须有目共睹，英文就是"not only should justice be done, but it should also be seen to be done"，就是说执行公义的过程必须要看得到、公义的实践必须是有目共睹的，才能让人家相信你在公正地执行公义。你可能辩解说，我很公正，然而你做得很难看，已经足够把裁决结果推翻。所以法官如果提问太多，可能令另一方心里不安的话，就可能变成一个上诉的理由。

香港的陪审团只有在高等法院的刑事案件中才有。在高等法院的刑事案件里面，法官在提问的时候，有一个谨慎的态度，如果法官觉得双方有一些地方做得不够好，也许是控方的准备材料内容很乱，看不清楚，而且备份不足够每一个人用，包括7个陪审员、法官、控辩双方，准备得不够，很乱。法官要生气了，要批评某一方，可能是控方，可能是辩方，可能是双方，不会在陪审团在场时批评的。因为这个容易使陪审团觉得，哦，原来这个控方不行，他的证据可能也不行，会产生一种心理上产生不相信控方的情绪，对控方不公平。如果法官在陪审团面前批评辩方的话，使陪审员觉得法官批评辩方，看来辩方也不是好东西了，不相信他了。法官不会这样的，如果法官准备严词批评任何一方，他会请陪审团先退庭，书记员就带他们离开法庭，进入他们的房间，批评完了，陪审团再返庭内。在审讯里面，大家都非常注意形象。陪审员不必知道刚才有什么事，回来的时候什么事都没有，继续审讯。

法官也可能告知他们，说在他们离开的时候，庭内只是处理一些手续上的东西，让他们不要管，现在只是听证据就可以了。正如刚才我所说，庭审当中陪审团只能听一些能采纳的证供，法官对双方的批评不能采纳，最后就用他们个人的良知、个人的理性、个人的逻辑思维、个人的分析，去讨论所有证据足够不足够定罪，就这么多，其他就不用管了。

我今天说了很多次，说我们的证据法只有一条最关键，什么材料能被采纳，什么不能被采纳、被排除掉。法官能不能提问，法官可以，但是必须要很小心，不能变成一些不能被采纳的证据。

六、案情基础

什么叫案情基础呢？案情基础是这样的，我们的庭审，我估计内地也应该有吧，就是开审的时候，控方会把案情做一个简单的介绍，在庭上宣读出来。我们理解到法官和陪审团没有参与案件调查，没有参与案件准备，他们是中立的，没有偏见的。控方必须要用中立的语言，中性的语言，客观的语言，把事实陈述出来，不能用一些带感情或情绪的语言，例如说被告人的行径引起非常大的民愤、产生很恶劣的影响，这全都不能讲，因为这些都是带偏见的情绪的语言。这不是我们庭审应该听的东西。案情的简介，必须要中性，我们控辩方面都是，在进行陈述的时候，不会慷慨激昂，扯着嗓门去讲话，而是很中性的。目的除了维护我们的司法文化，还有一个效果，就是让陪审员冷静、平静，用理性去听审，如果你挑动他们情绪的话，并不是一个健康的法治的氛围和环境，不是应该有的现象，这些都是庭审应该坚守的原则。

刚才我提到案件开审的时候，无论是刑事案件还是民事案件，要么就是检控方，要么就是民事原告方，一般都会先作一个对案情的介绍陈词，目的是令法官和陪审团有一个印象，让他们知道这个案件要审理的是什么东西，他们要注意哪一方面。我也说过，在开审陈词的时候，内容应该是中性的，应该是中立客观的，不要夸大，不要令听审的人产生一些猜测、猜想，必须要平稳，要避免情绪性的评论。

另外，在庭审当中，诉讼律师的仪态也要注意。我们在法学院里面教学生，你的眼神接触、声音语调快慢，都要注意。最重要的就是得让人家听懂你在说什么。有一点，虽然有点开玩笑，请大家从今天开始，如果有的话，请避免再受那些美国的电影影响，那些香港法庭电影都是演戏的，切莫当真。我记得有一次在另外一家大学，他们请我去评论他们学生模拟法庭审讯，我非常惊讶，也许他们看的美国电影多，他们盘问的时候站起来，然后在桌子旁走来走去，走到前面，又走到后面，看起来就像一些外国的电影那种演戏。我们必须要了解，那是导演要求演员这样做，不然演员就没有发挥的机会，所以他们要夸张，他们的手，他们的表情，他们的语言，他们走路要夸张一点，才有戏剧的效果。

在真实的庭审里我们不是演戏，我们不会在庭审当中走来走去，永远都是站在那里，不会走得很远。有一个原因，我们在庭审当中有很多卷宗，很多文件，加起来有五六公斤，怎么能拿着几公斤的东西走来走去？而且根本没有这个必要。我们的庭审，刚才我说有一个长长的桌子，目的是什么？是让律师共享，一是反映一种公平的运作，双方是公平的，二是沟通比较容易，控方在右，辩方在左，庭审当中无可避免双方须交换文件，或者交谈，有这样一个庭审中互动的作用。这样的话，一般我们的活动不会离开我们面前的桌子。我们也不会用夸张的手势、表情等，没必要。

有一次某外地律协来参观我们的庭审，有一位律师问我："为什么看不到你们的律师交锋？""为什么要交锋？""你们不是辩论得很激烈嘛？"我说："我们不是吵架，是庭审，你误解我们了，别受电影的影响。"另有一次的场合里面，有一位律师问我："我看港产电影，演员怎么怎么样，为什么你们不这样？"我说："因为他是演戏，我们是真实情况。"

我们庭审中的所有行事、工作方式、说话语调，都是自然的。一个重要的指导思想是：你必须令法官及如果有陪审团和证人的话，听得懂你在说什么。这个才是根本指导思想，其他都不重要。

还有一点很有作用的安排，我不知道在内地无论民事、刑事方面有没有这样一种做法，就是双方达成证据的同意事实或者承认事实。无论是刑事案件还是民事案件，双方当然有很多的分歧，事实方面有很多不能同意的地方，但是，也总有一些能同意的事实。对法官来说，最欢迎的就是双方能够把他们同意的事实或证据都尽量陈述出来、能清楚地写下来呈堂更理想。让法官在写判决书的时候，知道有哪些双方认同了，没有争议了的事实，他不需要费心处理，因为大家已经同意了，其他便是有分歧的事实。法官在认定事实的时候，知道他只需要处理有分歧的事实，所以如果双方能够配合，把他们能够同意的事实写出来，呈交法官和陪审团考虑，对法庭特别有帮助，因为他们以后在考虑案情的时候，分歧的范围会减少一些，作判决也简单点了。

七、发问的技巧

（一）庭审的程序

发问的技巧也要看主体是公诉人还是辩方律师、辩护人。首先，我要把普通法庭审最起码的程序，简单地介绍一下。就好像足球比赛，刑事案件，我们分上半场、下半场。上半场是控方举证，下半场是辩方举证。刑事案件中，举证的责任在控方。控方有举证、提出证据的任务。在普通法，辩方没有证明自己无罪的责任，不用证明被告人是否有罪，举证责任在控方。辩方可以完全不发言，保持沉默，道理在哪儿？我谈每一项程序与法则都会同时指出背后的原理是什么。大家可以想一想，无论是哪一国家的法系，控方都具有差不多无穷的资源去查案，去检控。对被告人来说，先不要管他有罪还是无罪，基本上是没有资源去为自己申辩、去抗衡指控的，对被告人来说，唯一的武器、唯一保护自己的条件就是不说话，他几乎没有其他更好的武器。要确保有公平的竞赛，一方是有无穷多的资源的公检方，另外一方几乎一点资源都没有，后者唯一的武器、唯一保护自己的方法，就是保持沉默。在刑事案件里面，公诉方提出证据，辩方可以提出证据去反驳他，也可以不提出反驳、不讲话。你要说我有罪，你来证明，你的证据足够有力的话，达到举证标准，你可以成功证明我有罪。如果你的证据不足，举证的程度不达标的话，那我就脱罪，就这么简单。上半场是控方提出证据，举证，下半场被告人可以完全不出场比赛，不举证，包括被告人自己选择不作供，保持完全沉默，不辩护。裁决结果就看控方上半场的举证能不能足够赢得比赛。

上半场游戏的规则是这样的：控方或者检控方首先传召控方的证人作供，英文称为"evidence-in-chief"，就是首先接受控方发问，美国的制度称为直接询问（direct questioning）。当然，在庭审之前，所有控方证人的证词都已经提供给辩方，我相信内地也有披露卷宗的程序。庭审开始，例如控方打算传召五位证人，这五位证人的供词必须要事先提供给辩方，以便辩方作准备。控方绝对不能在开庭的时候提出第六、第七、第八位，多了三个事先辩方从未听闻的新证人来，我们称突击辩方。控方可以提出新的证人吗？前提是，在他们作供之前，他们的供词有否交给辩方准备。辩方会说现在才交给我，我没有时间准备，我要申请庭审压后。另外就是控方证人的作供，他讲的内容不允许超过之前供词里面的范围。如果证人作供的时候，讲了 1~20 那么多的事实，然后公诉人发现 1~20 的事实不足够，请证人多讲 21、22、23、24、25 是怎么样，辩方肯定会反对。因为他们的供词里面没有包括这 21~25 的事实，这是新的事实，辩方完全不知道，你不能在开庭的时候，把一些原来未有披露而我方全然不知道的事实突然拿出来，这等同于突击。因此，公诉人在这方面非常谨慎，这个是游戏规则，不能不遵守。

公诉人在传召控方证人的时候，用的询问方式我们称为开放性或中立性问题。我们曾经多次讨论，什么叫开放性问题，英文叫"open question"？什么叫引导性问题，英文是"leading question"。开放性问题，是控方或者公诉人引导他的控方证人时，能够使用的一种问题的方式。当辩方律师要交叉询问，我们称为盘问控方证人的时候，绝对允许使用引导性问题。差异在哪里呢？开放性跟引导性问题的意义在哪里？

　　差异很关键。开放性问题是什么呢？比如一个证人来这里，"证人你叫什么名字？""你老家在哪里？你住在哪里？"开放性的意思就是问题方式与答案都是开放的。举例说，现在我们处理一宗抢劫案件，发生在 2016 年 11 月 25 日，如果我是公诉人，我不能一开始就问这个证人："证人，你看看这个被告人是不是当时抢劫你那个人？"这绝对不允许，这是严重违反公诉人询问问题规则的方式，因为这是一个引导性问题。引导性问题，就是问题的答案已经包含在问题里面，把答案通过问题塞进这个证人的口里，要他承认、确认公诉人想要他确认的东西，这是绝对不公平的。

　　公诉人必须要用开放性问题，例如把这起抢劫事情的过程一步一步陈述出来，公诉人必须要用公平的方法，引导陈述这个证据，公诉人能怎么问？公诉人只能这样问证人：

　　"你叫什么名字？"

　　"李一。"

　　"你住在哪里？"

　　"昆明路 3 号。"

　　"证人你现在想一想，2016 年 11 月 25 日晚上 8 点钟的时候，你在哪里？"

　　"我在中关村西土城路某地方。"

"当时你在那里做什么?"

"我正在回家路上。"

(**注意**：以上所有都是开放性的问题。)

"你是怎么样回家的？是骑车、走路还是坐车?"

"我刚刚从公交车下来。"

"你从公交车下来，往什么方向走?"

"我往北走，朝着某地方走。"

"你说当时是 8 点钟，请你描述当时的环境是黑暗还是明亮?"

"天已经很黑了。但是有一些路灯，路灯并不太亮。"

"然后发生了什么事?"

"我走了一分钟，然后有人在后面袭击我，打了我。"

控方一步一步用开放性的问题，让证人自己把整个环境，包括现场的照明，现场的人多不多，发生在他身上的事情一步一步陈述出来。

"你说有人打你，那个人你见到了吗?"

"当时见不到"

"为什么见不到?"

"因为他在我后面"

"然后呢?"

"然后他推我，我就摔倒了。"

"请你告诉我，你摔倒是怎么样摔倒？往前还是往旁边?"

"我往旁边摔倒。"

"发生了什么事?"

"我的手，我的腿，很痛，就坏了。"

"然后呢?"

"感觉有人用一些硬的东西打我的头。"

"一步一步讲出来，打你头的哪里?"

"打我头的右边，右后方。"

"那你当时有没有受伤?"

"我受了伤，我后来接受了治疗。"

"如果你受了伤，今天还能不能看到伤势?"

"你看看，就在这里。"

他就在法庭上指出他身体哪处受了伤。以上公诉方的问题全都是开放性的，客观的。

为什么要这样呢? 这样的话，公诉人引导这些证据是公平的，因为他让证人把他的遭遇自己一步一步讲出来，公诉人用开放性问题，每个问题是很短的，他的问题为什么设计得那么短呢? 目的是令这个证人的每个答案都是短的，为什么要这样? 我们说了多次：那是一个普通市民证人，他不一定是个很擅长表达自己的人。试想如果你问一个很阔很广的问题："请你告诉我，2016 年 11 月 25 日发生了什么事?"他可能从早上开始讲，从上班的事情开始讲，讲一些跟案件无关的事情。那些问题便非常不专业。但如果你的问题设计得短，很聚焦，集中在案情有关的事，每个问题都很短，但是每个答案都很简单，加起来，听众会有什么感觉? 当然理解得非常清晰。如果换了一个又广又阔的问题让一个证人把长篇的故事讲出来，所有的观众都会听不懂，而且漏了很多东西。但是一步一步加起来的话，所有听众都听着很容易。

"打了你的头，然后发生了什么事?"

"然后有人按住我的身体，在我的外衣口袋拿我的钱包。"

"为什么你知道是钱包?"

"因为我的钱包就放在我右边。"

"然后呢? 你有什么反应?"

"我就大喊'救命救命'。"

"然后那个人做了什么?"

"他打我的身体，几次。"

"打你身体哪里?"

"打我的背，打我的腰，打我的脸。"

"再说一次，打你的腰有多少次?"

"想不起来，可能有几次吧。"

"打你的腰，打你的背，打你的脸呢?"

"打我的脸，打了我一个耳光。"

"左还是右?"

"右。"

　　每一点都要他说出来。为什么要说得那么清楚? 大家想一想，控告什么罪? 抢劫。刑事控罪，构成抢劫的成分包括什么? 我想内地刑法跟香港的刑法内容应该都差不多，抢劫是通过暴力的手段，不诚实拿取人家的财物。你让他作供的话，他就把他遭受暴力的情况讲出来，符合这个控罪。拿取受害人的钱包，肯定没有他的同意，那就是不诚实，夺取人家的财物，是偷窃，全都是符合刑事控罪的构成要素。一点一点他就把这个控罪的成分陈述出来了。然后继续问这个证人:

　　"从你被推倒一直到有人从你的衣服把钱包拿走，有多长时间？"

"好长啊，有 10 分钟。"

是否有 10 分钟？人痛苦的时候，时间过得特别慢。其实我估计抢劫应该是半分钟就已经结束了，但是对一个人来说，痛苦的时间过得特别慢，所以他说好长啊，有 10 分钟。我估计不可能有 10 分钟，20 秒、30 秒差不多吧。但是我们可以理解，可能证人对时间有点不准确，不一定是不诚实，是他的感受不同，所以对事实陈述有不同。

"证人，过程当中你有看到这个袭击你的人吗？"

"我别过头去看到了他。"

"你看到他的时候，跟他距离有多远？"

"好近啊。"

证人可能说不出有多远，他可能用手势表示，就那么远。我们作为公诉人说："你停一下，多远？"固定下来，有这么远，他可能在庭上用一个手势表达，这样的话，我看得出这个距离大概接近一米吧，他说不出距离，我帮助他，说："如果这样，差不多一米，你同意吗？""差不多吧。"同意了。所有的事情都是那么具体。

"你看到他离开你一米，看了他多久？"

"我不知道多久，但是我看得很清楚。"

为什么我作为公诉人要问他看了多久？因为，证人有可能看错，认错人，经常发生在什么情况？看得不清楚。为什么看得不清楚？要么就是当时的光不够亮，要么就是距离太远，要么可能就是观察他的脸的时间太短。如果你看一个人，看一秒钟跟看一分钟，哪个更可靠？当然时间越长，看到的越可靠，所以在庭审当中，我们依靠这些描述来断定事实是不是清楚，证据是不是足够强。这样的话，如果他只看了嫌疑人一秒钟，虽然很近，但是那么短的时间，也许真的有漏洞。对于辩方的律师来说，这也是攻击证人的一个途径。

"然后你观察他，不知道多久，可不可以给我们一个时间？"

"不久，看得不太久。"

"不太久，多久是不太久？"

"有几秒钟吧。"（他可能这样说。）

"什么叫几秒钟？3秒还是59秒？"

"5秒吧。"（他可能随便给你一个时间。）

但是5秒钟是不短的时间，在打斗的情况下，对手可能不可能让你看着他那么长时间？不太可能吧，当然抢了东西就跑。

"这个人你看得出他年龄有多大吗？"

"是男的，多大我就不清楚了。"

"穿什么衣服？"

"也看得不清楚。"

"为什么看得不清楚？"

"因为当时不很亮。"

抢劫的过程可能就是这样。如果他这样陈述的话，公诉人其实也算是公平，他问的都是开放性的问题。未轮到辩方之前，我还在谈公诉人，等一下再谈辩方。过程当中，第一个控方证人即受害人先作供，他可能便是说了以上这些话。

这个过程当中，作为一个公诉人，在引导他把这个案件最关键的抢劫过程描述出来的时候，公诉人心里当然明白，对这个证人来说，可能是他人生第一次来到法庭，坐在一个感觉不太好的座位上，证人在法庭里面的位置，我们有一个说法，那是全世界最孤独的位置。因为坐在那个位置的时候，其他人不许跟你讲话，而且你坐在庭上，所有人的眼睛都看着你，多害怕。而且让你把以前发生的不愉快的事情讲出来，他可能心里很紧张。多半的证人的心理状态都是说"我是抢劫的受害人，我一定要来指控那个被告人"，所以他有一种倾向，就是把他的事实夸张一点。不是说他必然不诚实，因为他想令这个法庭印象更深刻，所以他讲的供词往往跟他原来写的证词文字上有偏离，所以公诉人必须要明白控方证人的心理状态，可能他会想，以前他跟警察说的不太好，现在想补充一点，多加一些数据信息，对公诉人来说，这下可糟了：第一可能令他的证供不可靠，第二就是我们称为"afterthought"，事后才想出来的东西，往往多填了一些主观的成分。事情刚刚发生的话，一个人在时间上、地域上最接近现场，记忆应该是最可靠的。如果时间隔了很久，再讲出来，往往不那么可靠。公诉人心里一定明白这个道理，被告人的律师也明白这个道理，所以我们往往从证人这些偏差中找到一些切入的空间，测试证人的可靠性。公诉大律师、检控官，会尽量避免让控方证人讲一些事后想出来的偏离事实、偏离证词的话，他们会尽量把证人控制住，不要偏离证词内容范围。因此，如果这个受害人说"我摔倒以后，他压住我在地上，打了我 10 分钟"，各位现实地想一想，打了 10 分钟，有可能吗？

抢劫目的是为了求财，不会把一个受害人当仇人一样打，把他痛打 10 分钟吧？为什么不可能？做一个比喻，你们看过拳赛，一个回合打多长时间？3分钟，双方互相打了多少拳？几十拳，才3分钟，打得那么精彩。10分钟是打了多长的时间？超过拳赛三个回合。有没有可能一个抢劫的人打一个受害人打10分钟？可能他命都没有了，所以10分钟肯定夸张，最多半分钟。公诉人应该明白这些受害人经常有夸张的成分，我们要好好控制他作供。但是过程当中，公诉人不能教导证人："证人你是不是搞错了？不是10分钟，应该是半分钟，是吗？"那当然不行。记着，公诉人不能挑战自己的证人。你如何能去挑战他？你怎么可以去挑战他？说他可能搞错了吧？你凭什么说他搞错？你只能接受他所说的话，你只能要求他讲清楚，"请你慢慢想，如果你需要时间，我们给你时间，你要慢慢想清楚"。但是公诉人不能纠正他、挑战他，因为他是你的证人。

公诉人如果想避免受害人（即控方证人）有夸张的地方，一般会做什么呢？先让证人放松，请他不要紧张，问他一些不太严肃的、简单的问题：

"2016年11月25日，你记得那天做了什么？"

"我记得。"

"那天白天你上班是吗？"

"是。"

"你是在哪里上班的？"

"我在北京什么地区。"

"然后你晚上8点钟做什么事？"

"我坐车回家。"

"坐哪一条线？什么线？"

这些问题可以令证人觉得他在回答一些很舒服的、安心的问题，那些问题不一定是最关键的，但是他回答的时候，能够慢慢放松，就没有那么容易有夸张的成分，因为他知道他在一个有安全感的地方作供。这都是一些公诉人应该具备的素质，你必须要考虑证人的心理状态。

一个专业的公诉人必须具备一种专业的能力，这非常关键，就是你在发问过程当中，心里牢牢记着控方的案情是什么。第一，刚才我说控罪：抢劫、涉及使用暴力，第二，这个受害人说他看到了袭击他的人，看得很清楚，第三，被抢走的是他的财物。你必须要在心里牢牢记着这个案情，然后过程当中，用开放性的问题慢慢引导他，他被抢走的是钱包，是吗？也许后来警察在逮捕这个被告人的时候，在他家里找到了一个看来应该是这个受害人的钱包。警察调查案件过程中，例如可能过了几天逮捕了被告人，找到了钱包，受害人一般应该在警署里面辨认过有关的证物，钱包里面有他的证件，有一点点钱，都是他私人的财物。警察一般都请证人去警署辨认，这些东西都会变成控方的证物，开庭的时候就呈上法庭。案中受害人可能曾去医院接受检查，庭审中有必要确认曾受伤，然后，受害人解释那被盗走的钱包证物。公诉人在庭审过程当中，向受害人出示这个东西：

"证人请你看看，你认得这些东西吗？"
"这是我的钱包。"
"这跟你那天失去的钱包比较，你认得出吗？"
"就是那天被抢走的钱包，就是我的。"
"你可以打开，看里面有些东西，告诉我们你看到什么吗？"
"都是我的证件。"

如此这般，这就是法庭上受害人确认有关的物证。

到了这个地步，控方的举证这一程序已经差不多结束了，然后轮到被告人的律师去诘问这个证人，即交叉查询问或盘问。

"证人你刚才说，当时你往家里走的时候，有路灯是吗?"

"是。"

"但是不算太亮吧?"

"不很亮，北京的路灯到处都是，不很亮，但是能看得到。"

"能试试形容有多亮吗?"

"这个因为不能量化，不太容易的。"

"那你摔倒的时候，你的腿受伤了是吗?"

"是。"

"你的头有没有碰到地上?"

"有一点点。"

"那当时你肯定很痛了是吗?"

"是。"

"那你觉得自己身体后面被人打了，是吗?"

"是啊。"

"当时你肯定是很害怕了是吗?"

"当然，我被人打。"

"发生得那么快，你肯定是看东西看不太清楚了吧?"

"发生得很快，但是我还看得很清楚。"

"你看到后面袭击你的人是男性?"

"是啊，所以我看得很清楚了。"

"他有几岁?"

"几岁那我就不太清楚了。"

（所以他未必看得不太清楚）

"他的衣服你看到了吗?"

"衣服我也不太肯定。"

他一方面说他看得清楚，但另一方面又有很多不肯定的地方。有没有注意在这个时候，辩方律师问的问题都是引导性问题，都是很短的。例如"当时路上不是很亮"，这个根本就是一个引导性问题，"你摔倒的时候头有碰到地上是不是？"，为什么辩方律师有这个勇气问他的头是否碰到地上？因为他的医疗报告这样写的。一位辩方律师准备案件的时候，事前把所有的卷宗都看得很清楚，他受伤在什么地方，他的腿，他的手，他的头都有受伤，当时肯定他的头有碰到地上去。律师有这个勇气问他"你的头有碰到地上是吗？"，因为他知道医疗报告有这样写。

然后你一直往前面摔倒，所以后面当时你没有看清楚。你刚才说你别过头看到后面，你别过头去的时候，你的身体朝向着前面，等于你不可能看后面看很长时间。你想，如果你的身体是朝着前面的话，发生在你后面的东西，你不可能看很长时间，看得很清楚。所有这些都是引导性问题。为什么需要问？目的就是用来动摇控方证人的准确性、可靠性。这些全都是辩方律师可以问的。往后证供碰到那个钱包的问题，受害人确认了自己的钱包，而且里边有他的证件，辩方律师怎么处理呢？这证供可能是辩方的"死穴"，是最脆弱的地方。一般遇到这个情况，辩方的律师，稍微聪明一点的都知道最好不要问，因为你辩不过的。那个钱包在被告人家里被找到，里面的财物都是属于这个证人的，你最好不要问。当然我们可以辩说，钱包在被告人的家里被找到，可以有很多原因，也许跟他的家人有关系，也许另外一个犯人把东西带到他家里留下来，都可以，在被告人家里找到赃物，也不能毫无疑点证明抢劫事情必定是他干的。最重要的就是抢劫的过程当中，受害人是不是认得他。所有这些都是引导性的问题。

（二）开放性问题与引导性问题

我们在上次的研讨会对这个问题有过很多的讨论。这里我再跟大家讨论什么叫引导性问题和开放性问题。内地把这个引导性问题称为诱导性问题。曾经在另外的法学院里面，谈到这个引导性问题的时候，有学者问我引导性问题跟诱导性问题有什么区别，我说只是翻译不同，本质没有区别，区别就在我不喜欢诱导性这个名称，带着负面含意。为什么引导性问题那么重要？我刚才说了很多。简单来说，除了问开放性问题，如果引导性问题不能问的话，庭审作供根本没有意义，庭审将发挥不了作用，找不出事实的真相。更重要的一点，就是庭审不能把双方的对立立场充分地反映出来，协助法庭作有效裁决。为什么呢？大家想一想，为什么有诉讼？为什么会发生诉讼这种活动？当然是因为有纠纷，有分歧，如果这个世界上没有纠纷，没有分歧，那就不需要诉讼了。有纠纷，因为各有各说，A 说他的版本，B 说他的版本，两方有分歧，所以拿到法庭进行诉讼寻求裁决。

如果双方都有各自的论述，都有他自己的版本、事实、他自己坚持的事实真相，为了让庭审理解双方的分歧所在，决定谁更可信，作出裁定，我们必须要以引导性问题进行质证。A 方坚持事实就是这样，B 说不是这样，他的版本才应该是对的，然后把自己的版本在庭上给证人出示：版本是这样，你同意不同意？如果这样的话，就等于 B 方也将无可避免，把自己的版本出示给 A 的证人，让他确认一下是不是符合 B 的版本。也许 A 的证人说有一部分同意，有一部分不同意，双方的分歧因而缩窄了，法庭就更容易裁决，因为法庭更理解因而更容易裁断彼此的分歧。

理解这个引导性问题很关键，如果不能问的话，陪审团或者法官根本听不懂你们的分歧在哪里。下面如果有机会的话，我会再详细论述一下。因为刚刚准备详细谈辩方发问方面要注意的地方，我想在接下来说得更详细一点。在这里我暂停一下，朋友们如果现在有问题，可以提出来。

互动环节：

1. **问**：我想问一下像这种民事案或者刑事案件都有陪审团吗？

答：香港不是每个法庭都有陪审团，香港的刑事庭有三层，基层法院叫裁判法院，裁判法院的判刑权力如下：判坐牢最高不能超过3年。再高一层叫区域法院，它的判刑最高不能超过7年，两个法庭都没有陪审团，都只由一个法官听审，他同时担任法官和陪审团的功能。到了高等法院，高等法院原讼庭就有陪审团，所以香港所有陪审团的刑事案件都是在高等法院进行的。高等法院的权力最高就是无期徒刑，香港已经没有死刑，我们说过，香港从1965年以后就没有执行死刑了。在高等法院判的最高就是无期徒刑，因为处理的都是最严重的案件，所以陪审团在高等法院才有。

2. **问**：张大律师，我们谈的是实务性的问题，你们在香港做刑事案件开庭的时候，交叉询问这一块会准备详细的询问提纲还是临场发挥？

答：准备交叉询问或者我们称为盘问，是预先把问题写好还是临场发挥？预早写好只有法学生在练习时才会这样做，他们在准备大学里面模拟法庭的时候比较紧张，所以写了300多条问题准备来问。我们从来不写，都是临场发挥。但是我们心里有若干个范围必定牢牢记得，准备好，然后就临场发挥，当然临场发挥离不开案情，离不开这个控罪，离不开我们心里准备的那些范围。所以我们可能准备一二三四五六七个范围，在范围一，我们问很多小的问题，范围二问很多小的问题，范围三问很多小的问题，加起来就是想得到的结果。

问：有一个总体提纲吗？

答：一定有。

3. **问：**我想向你请教，您在法庭上发问的话，开放性的问题比较多还是引导性的问题比较多？

答：是这样，无论民事案件还是刑事案件，如果是我传召我方的证人，我问的问题主要是开放性问题。我的对手要挑战我的证人的时候，大部分问题都是引导性问题。在刑事案件中，控方传召控方证人，那个证人就是控方的证人，公诉人必须要用开放性问题去问他，除非该事实是没有争议的事情，那是例外，控方才可以用引导性问题。辩方的律师可以自由使用开放性或者引导性问题。我要说清楚这一点：公诉人传召控方证人，除非该等证据没有争议，又或是双方同意的事实，否则公诉人不能问引导性问题，因为会产生不公平，他必须要问开放性的问题。案情证据中，总有些地方真的没有争议，比如用刚才抢劫那个例子，如果控方证人按照他的供词说，他在北京某某公司上班，这些事实一般是没有争议的。公诉人完全可以问："证人，你是住在北京什么什么地方，是吗？""你工作的地点是什么什么公司，在北京什么区，是吗？""你上下班一般都是坐六号线的公交车来往，是吗？"这些事实一般情况下辩方是不会跟他争议的。为了不延长法庭的聆讯时间，公诉人就用引导性问题把这个事实迅速指出来，让证人确认是不是就行了。

什么事实有争议？被抢劫的过程，有争议的事实和问题可就多了，公诉总不能说："你是不是下车不久被人从后面袭击啊？"这是有重大争议的事情，他就不能用引导性问题来讲，只能问他："下车后，发生了什么事？"这些是有争议的证供，必须通过开放性问题让证人自己来交代。因此，什么时候问开放性问题、什么时候问封闭性问题或者引导性问题，就看是否是我传召我方证人的时候：我传召我方证人，我应该问开放性问题；我不能传召我自己的证人，然后用引导性问题教导他、建议他怎么讲话。换了对方交叉询问我的证人，他要挑战、要动摇我的证人，肯定会用上很多引导性的问题，这绝对是许可的、也是恰当的。到了辩方作供的阶段，被告人作供的时候，辩方的律师就不能用引导性的问题去叫辩方证人回答、协助他作供。如果我是辩方的律师，被告人选择作供，我便必须要采用开放性的问题，让他自己把证供讲出来。然后，检控方就用盘问的方式，交叉询问，用带压力、具压迫性的引导性问题去动摇他。所以，用开放性问题的时候，证人正在作客观的陈述性的证供；引导性问题，是证人面对对方攻击、是对方正企图要动摇他的时候。

4. 问：您刚才讲到控方在庭审过程中传召证人出庭，我想问一个问题是，如果控方在庭审过程中提出新证据怎么处理？

答：举证的责任在控方。按照普通法的原则，控方如果突然在庭上提出新的证据，我们把他这种行为称为突袭，辩方自然会反对，而且反对一般都会成功，不可能不成功，因为审讯中途控方才提出新证据，让辩方如何准备？这明显不公平。如果辩方反对不成功的话，这个审讯就是不稳妥的，有这么明显不公平的地方，即使定了罪，上诉也多半可以把它推翻，所以，辩方提出反对控方在庭审中提出新证据一般来说没有困难。控方是如何提出新证据的？例如包括，在控方证人作供过程中，控方把问题扩大了范围，包括了询问该证人原来的供词没有说过的话，这便是等同在证人作供中突然提出或企图引入新证据了。辩方可以怎样反对？辩方会站起来告知法官："我反对控方问这个问题，因为之前我方收到控方的材料中完全未见有这些资料，亦未见控方有披露这些材料给我们，这刻我们第一次听到这东西，这是等同突袭。如果控方非要提出这方面新证供的话，我方要求且等一等，控方先给我提供一份证词文本，好让我方先考虑这些从未披露过的新资料的内容，然后我方决定是否反对控方继续问这个问题。"控方也没办法，要么就撤回、不再问新的事实，不要坚持提出新证据，要么辩方就申请审讯押后，待控方把新的供词、新的证据提供给辩方。换了是辩方，后者可不可以在庭审突袭呢？答案是当然可以了，辩方永远都是搞"突袭"的，因为举证的责任在控方，被告人没有证明自己清白无罪的义务，而且被告方面的武器根本不需要事先披露出来，唯一的例外是，如果被告人有不在场证据的话，必须要在审前披露出来。因为有不在场证据的话，即是说抢劫案发生的时候被告人根本不在这里，本人都不在这城市，怎么能抢劫你？如果这样的话，等于是他有百分百成功的辩护理由，那就应该早点说出来，别浪费审理案件的时间，警察也好调查清楚他当时在不在这个城市，如果案发时人不在，案件就应该撤诉，所以不在场证据是唯一被告人要提早披露出来的证据。其他方面，被告人要怎么突袭都可以，这是游戏规则。

5. **问**：怎么理解律师协助法庭查明事实真相的义务？

答：我们所谓的协助法庭的意思，并不包括协助控方把被告人更多或者从不存在的罪行披露出来。同样，控方并没有这个任务，比如把他没有查到但是应该查到的，都通知我们，但是控方必须要把他的材料全部披露给我们，包括对他们不利的证据，可是辩方方面并没有这个义务，把自己的材料，包括对被告人不利的东西都披露出来。你说那不是隐瞒吗？没有隐瞒不隐瞒的问题。刚才我说，大律师是接受委托办理案件，事务律师给我们多少材料，我们就按照这些材料去办理案件，没有给我们的材料，我们从来都不用管，如果我们要管的话，就麻烦了。作为律师我们哪里有那么多的资源，参与调查我的客户的案件，这根本不可能。委托我的事务律师先跟被告人见面，然后再委托我，过程当中，如果事务律师发现有一些可能令他陷于违反专业守则的行为，有违规、不诚实的行为，应该把案辞掉，他不能参与，不然的话，按照香港法律可能犯有一项严重控罪，称妨碍司法公正。如果事务律师接受这个案件，被告人向他披露了他其他的罪证，那事务律师必须要做一个专业的判断，在这种情况下还能不能代表他。

我举一个例子，贩运毒品。如果有一个被告人被检控，从深圳带毒品进入香港，在罗湖车站被截获拘捕，那肯定是贩毒了。他聘请律师辩护，律师了解到原来他以前已经多次以同样手法偷运毒品，有过十多次，这次运气不好，被抓到了。按照内地的法律，律师是不是应该通知警方？在香港，事务律师有没有这个义务把被告人其他犯案经过通知海关或者警察？答案就是没有。这里涉及一个非常严重的问题，除了律师没有具体掌握被告人该等所谓犯罪的证据之外，如果律师同时要担任警方的线人，内地叫揭发，提供线报，我想我们的司法制度就大乱了。如果律师同时要担任提供情报的任务的话，会有什么危险？危险就是永远再没有人相信律师。如果律师有责任把嫌疑人以前贩毒的事实通报或揭发其他犯罪事实，那么，以前我虽然没有贩毒，但是 15 年前我有抢劫，你要不要通报？或者我以前没有抢劫，但是 20 年前我涉及性犯罪，你要不要通知警察？那麻烦不就多了？

一般来说，律师跟嫌疑人见面的时候，都不会问一些跟案情没有关系的事情。因为如果我查问你后，发现原来你不只贩毒，还有走私、诈骗、抢劫等，什么都有，对不起，请你坦白交代，我要都通知警察，那就麻烦了。一般来说，我们的事务律师只会向他了解跟案情有关的事情，其他的也许听到，也许没听到，也许有怀疑，但是一般来说，我们的专业告诉我们，不需要调查其他，因为其他的事应该由警察去查，我们只是接受委托代表这个案件而已。我开始时说到，作为大律师，我们不会单独跟我们的客户见面，他有什么事要咨询大律师，只需告诉律师，让律师告诉我便可。我只要专心集中研究委托律师提供给我的材料，这才是我的工作范围。我们大律师有一句话：不要告诉我一些我不需要听的话。可能嫌疑人是一个有家庭暴力纪录的人，可能做生意非常不诚实，可能是一个道德方面非常糟糕的人，但是我不必知道这些，我只要清楚知道关于本案抢劫或者贩毒的事情。我们把这分得很清楚，不然的话，把民众间互相监视、揭发、举报的不知道什么有根据没根据的规矩引入律师专业中，换了律师的客户也按同样理由有责任监视、揭发、举报律师，严重的后果就是律师跟社会公众之间便没有了信任。我们要是失去保密的权利，后果是非常严重的。

6. **问**：我们内地律师是这样的，但是辩护律师在执业活动中，知悉委托人或者其他人准备或者正在实施危害国家安全和公共安全，以及严重危害他人人身安全犯罪的，应该告知司法机关，我想知道香港有没有这样的规定？

答：没有，什么叫国家安全，怎样定义国家安全，具体包括什么行为到现在我都弄不清楚，香港未有这法律。

问：公共安全，以及严重危害他人人身安全犯罪的，这个辩护律师有义务要告知司法机关，香港有没有这个？

答：没有，因为首先国家安全这几个字本身不是敏感不敏感，是意思和定义太不确定。我稍微谈过，我们的法律有一个来源，就是有无数案例，很多时候，一些法律条例，立法没有清楚定义，最后交给法庭处理，用我们审判的案例来界定，比如法例有"合理的理由"这种说法，什么叫"合理"？合理到什么程度？我们通过法庭判案来把它界定，"安全"，什么叫安全？我们的法律没有国家安全、社会安全这两个词，但是我们有人权法，例如《公民与政治权利国际公约》，其纳进了香港的法律里面。中间有关于人权保护方面，一个社会或者签约国可以基于公安或者公众的幸福的理由，包括国家安全，立法规范和约束公民自由。什么叫公众社会的利益或者幸福呢？由所在地的法院自己去界定。至于国家安全，我不知道大家明白不明白这个定义划在哪里，这方面我不清楚。我们一方面没有这条法律，此外，我想这条法律如果纳进香港法律里面，肯定会引起很多的诉讼。我们的法院肯定要用很高的智慧去界定什么叫国家安全。到今天香港都没有，而且未来短期内都未必有这方面的法律，争议太大。

7. **问**：张大律师，我是来自云南昆明的，向您请教一个问题，刚才听您讲课的时候，就是控方和辩方是在一张桌子上，实际上咱们辩方和控方的工作有共同，有交叉，有交锋，其目的都是为了维护伸张社会公义，查明案件的事实真相。我想问的问题是，咱们辩方律师的收入和控方国家公职人员的收入之间有没有差距？如果有差距的话，会不会导致公职人员和律师之间，公职人员的心理发生变化？也就是不平衡，如果有这种不平衡，在香港怎么来处理这种问题？

答：首先，两地制度是很不同的。香港无论是检察官还是律师，收入都不好比较，律师间差异也很大，不似公务员有固定工资。让我具体说一点法律职业状况，大家自行估算一下。香港负责检控的机构，是香港律政署内一个叫"刑事检控组"，他的功能就是内地的检察院。律政署那边，检控组人员从最年轻的检控大律师开始，他们的工资，从最低层的检控律师开始，第一级的，5 万多一点吧，到了最高层的级别，我想不到 20 万吧，这是检控人员的每月工资。我们有一个制度，刑事检控组的律师人手是不够的，而且有时候有些特别复杂的检控工作，他们自己应付不来，而且案件审理时间太长。比如有些案件开审就审理了多个月，之前还有可能费时准备一年多，他们根本不能分配那么多的人手。我们检控有一个制度，就是外聘，每天都有的，律政署外聘外面的执业大律师，代表他们执行检控工作。我也担任过外聘的检控，现在很少了，不感兴趣。但是我以前觉得我应该了解辩方，也该转换一下看看控方的角度，怎么样处理案件，所以我开始执业的时候，除了刑事辩护，也曾多次接受律政署委托进行刑事检控，也算是看看两方面。

接受外聘的检控官，讲得具体一点，让大家可以有一个印象，一个标准吧。外聘的大律师，在最基层的裁判法院参加检控工作，收取费用大概是 6000 元一天，区域法院第一天开始，应该有接近 2 万左右，以后每一天算，每一天大概 1 万多，高等法院再多 50% 左右，这是刑事检控案件的情况，此外法律援助署委托代表被告人的大律师费用也大致相同。如果是资深大律师的话，那就另外跟他们协议了。如果你要问大律师的普遍收入，那就不好说了，大律师是个体户，是各自发展的行业，既是个别发展，有些大律师可以收入较低，也可以很高，就看你的年资，看你的名气声誉，看你的能力，看你的经验受不受到重视，有些大律师工作可以很忙，有些工作不那么忙，所以差异就很大。问大律师收入有多少真的不好说，每个都不同。我们没有心里不平衡的问题，我们只有工作量多少的问题，反正有工作的话，经济上总不用担心，所以我们没有什么心理平衡不平衡的问题，也从来没听过。我们的外聘检察官或公诉人员的制度，在法律专业人员的资源运用方面我想还是比较灵活的。此外，大律师可以接受聘任去当法官，视乎你有没有兴趣。我们有这样一个制度，裁判法院、区域法院，包括高等法院，我们的司法机关每天都有聘用一些"临时"的法官去担任法官，聘任一些大律师，在各级法院临时补充法官的人手。现在香港全职的法官是 200 左右，总共 700 万人口的城市，有 200 个全职法官，差不多 13 000 个律师，数字是这样的。法官每天的工作是庭审，我听说内地的法官不是每个都在庭审，有些负责行政，有些负责研究，有些负责法警，我们没有这样的，法官的工作就是庭审，每天都是庭审，没别的工作。他们工作遇上有时候人手不够，例如有时候有法官在休假，会聘用一些大律师，补充各层法院里面的法官人手。当这些暂时委任的法官任期结束后，他们便回去继续当自己原来的大律师。

好处在哪里？好处就是如果你将来想当法官，但是你不肯定自己有没有这个能力，有没有这个兴趣，况且我们的法院也不知道你能力够不够，可以当临时法官，他们可以观察你的能力，以后你觉得自己真的很感兴趣，可以申请，由司法机关考虑聘用。各级法院都是一样，所以这制度比较灵活，法官人手不够的时候，在外面招兵买马，请一些大律师担任临时法官，他们也有工资，临时的按每天来算。刚才说，内地的法官可能工资偏低了，所以有法官离开转当律师。香港是反过来：香港的法官到了区域法院的级别以上，便永远不许回去当律师。基层法院即裁判法院的法官，他们还可以。其实回去当法官的，一般很多大律师要是担任了一次两次、一个月两个月、一年律师的法官很少很少。他们都是真心想当法官，才加入法院当两年，觉得自己挺感兴趣当法官，就提出申请，得到委任，就当全职法官去。当法官以后，就安心当法官，要是你还心里惦记着回去当律师的话，那么开始就不要进来了。只有基层法院法官才能有机会重返故业。再往上一级法院，就是区域法院，升了官，必须签署一份承诺，永远不能回去当律师。为什么不让有回头路？简单说：防止利益冲突。你当了法官，肯定跟法官们比较熟悉了，有了人脉，要是你以后回去当律师，面对你以前的同僚，对其他律师心里可能产生不太公平、不太好看的感觉。所以我们的法官到了区域法院以上，便没有"回头路"了，我们没有法官回去当律师这种情况，一直到退休，委任就是终身。高等法院的法官 65 岁退休，退休以后，工作也有限制。大家想一想，如果我是高等法院的法官，我审理过很多很重大的商业案件，我 55 岁的时候曾经审理某富豪的一个重大案件，判决了富豪的集团胜诉，65 岁退休的时候，我接受该富豪的集团聘请担任一个不用工作、每年 800 万年资的职位，社会公众会怎么想？好看吗？这难道不是很严重的问题吗？这个我们称为延后利益，也许当法官的时候确实没有收过分毫利益，然而退休以后，摇身变成某富豪的一个商业顾问，是不是很难看？法官退休以后，他的工作也有限制。怎样限制呢？有两种工作他可以做，一个是教书，另一个就是写书。你在法学院把你丰富的法律经验贡献给年轻的一代，这是好事。要么你写书也可以，也是对法学的贡献。当然，退休法官的生活不用担心，反正他的工资原本也不低，加上退休金，生活不愁。如果法官是那么喜欢金钱的话，干脆以前就不要当法官，当律师算了。其实我们高等法院的法官，跟他以前当一个很成功的大律师比，工资确实是低了一点，但是生活已经足够舒适了。高等法院法官，每月工资约 20 万，另外还有福利、司机、住房、保险等，他当大律师的时候，还要支付办事处一切开销，看看香港的办公楼租金有多贵。当执业大律师有很多事务所的支出，当法官则不需要。但最重要的是当法官目的还是贡献社会，不是挣钱。法官对法治社会影响太大了。法官必须要抱着一种贡献社会的心态才好去当法官，当了法官以后，那荣誉感、成就感是很大的。高等法院、上诉庭、终审庭的法官，写的判词，从此以后就是案例，以后的法学生都看你的判词，那就是法律，那真正是留名后世。普通法的法官地位崇高就在这里，生活既不愁，但是那种荣誉感、成就感、贡献感才重要。

03 交叉询问的方法与技巧（二）

一、以陈述己方的案情版本为目的进行发问

今天我们谈论的问题是什么叫开放性问题，什么叫引导性问题。我曾经谈到凡是庭审诉讼，本质源于出现纠纷，诉讼的形式几乎没有例外，每一次都是双方要把各自坚持的事实版本拿到法庭来作一个裁决。证人作供过程中，我们当然要向他进行诘问。我们对手的证言证词，肯定有很多我们不能同意，或者他有一些故事没有充分讲出来（否则也不必审讯了）。为了令法庭充分了解事实，至少了解双方各自的立场，令庭审能够对事实作出裁决，在交叉询问过程当中，律师必须要令对方证人同意你的事实版本，同时，在关键事实上，向证人清楚明白指出来，让他明确"表态"究竟同意或不同意。我上次谈到，在交叉询问过程当中，我们有一个做法，那是很关键的，恐怕在内地庭审当中我们的诉讼律师没有注意到，在我们来看，如果遗漏了这种发问，是非常不专业的失误。这问题，就是把你的案情的关键事实向对方的证人说一次，清楚直接地问他同意不同意。[1]

---

〔1〕　参看 19 世纪英国最高法院上议院案例 *Brown v. Dunn*（1893）6 R. 67。

就用我以上用过的抢劫案例再作解释。我代表被告人，再看这个被告人的辩护理据内容是什么：可能是他没有抢劫，他承认他曾推受害人、曾打过他，但并非企图抢劫，只是认错人了；他也许继续说出一个非常荒唐的理由，例如"我以为那个人曾经开罪了我的朋友，因此我要教训教训他，打他只是为了报复，但是我打错了人，当时我并没有想过要抢劫他"，等等。可能被告人提供给律师的就是这样一个很不可信的辩护理由。作为律师的我们不管心里有什么意见，到了庭审中，必须要把被告人这个事实立场指出来。如果我所代表的被告人承认他有推受害人的行为，但是他并没有打受害人。例如，受害人说他的头被打了一下，被告人的立场是"我并没有打他，是我把他推倒的时候，他的头碰到地上而已，反正我并没有打他"。次如，受害人说被告人打了他10分钟，真实情况没有10分钟，被告人的立场是"我只是打了受害人两次，打了他的腰部，打了他的背，两次而已"，所以他说被打了10分钟，完全是夸大。再如，被告人否认企图抢他的钱包、更完全没有从他的口袋拿东西。

如此这般，这是被告人给我的指示，他坚持的事实版本是这样。在审讯里面，我们有必要这样质证：面对控方证人即受害人，在交叉询问最后的阶段，律师肯定会问如下的问题："证人先生，我要向你指出，事实上被告人当时根本没有打你10分钟，你同意吗？""他把你推倒，只是打你两下。你同意不同意？"虽然受害人完全不同意辩方所有关键事实，但是这个是被告人对该案案情的版本，是辩方的立场，因此辩方大律师有必要不厌其烦地把这些重要分歧向受害人指出来，公开清楚地指出来，告诉他这个就是我们的说法，你同意不同意？受害人有可能回答说："我不同意，虽然也许没有10分钟那么长，可能一分钟左右，但是他肯定打了我不止两次。"证人可能在这质证中稍微修正了自己的说法，因为你把你的版本向他指出，令他自我修正了一点，"不是十分钟，可能一分钟，也可能是两分钟，但是打了我肯定不止两次"。第一，对于陪审团和法官来说，他们得到了什么资料？得到的资料就是说现在控方的说法不是打了 10 分钟，是打了也许一两分钟，也许没有打得那么厉害，但是打了最少两次。大家事实的分歧已经缩小一点了。第二，也许这个被告人和辩方律师讨论案情的时候，被告人曾经说过当他打受害人的时候，曾说出受害人的名字，用一些话去骂受害人，骂得很厉害，指责受害人什么时候开罪了被告人和朋友们等，又打了受害人两次。在庭审前，我们早已把那些骂人的事实、如何骂人、骂的内容等，所有细节都写下来，然后在庭审中向控方证人即受害人一一指出来："他把你推倒，打了你两次，而且骂了你什么什么话，你同意不同意？"这个证人想一想："他好像骂过我，但是我听不懂他说什么，他好像很生气。"这个可以很关键：第一，单纯抢劫的人不大可能会骂人，抢劫的人只是为了钱，但是如果一边打人一边骂人的话，可能显示他们是认识的，被告人可能认识受害人，第二，骂人，肯定有一些内容在里面，显示他要么就认得他，要么就认错了，但是他以为他是受害人所认识的人。如果这个受害人说他好像说过一些骂人的话，但是不知道他骂的是什么，双方的分歧又减少了一点。

　　我说："最后因为被告人当时根本没有碰你的口袋，没有碰你的衣服，没有拿走任何东西，你同意不同意？""不同意，他肯定拿掉了我的钱包。"我们就是把这方面最重要的版本，让证人去确认一下，问他承认不承认，同意不同意，质证目的是什么呢？如果大家不熟悉这种发问的方法，就可能没有注意到，这是极为关键的质证。试想，往后当被告人作供的时候，他会讲述自己并没有抢劫的意图，他只是认错了人，他打了受害人，还骂了他。可是，这样关键的分歧，在庭审较早阶段受害人作供的时候，辩方律师半句话没有向他质证要求他确认（或否认），受害人从来没有（或者有机会）告诉法庭袭击他的人曾经开口骂他，辩方律师从来没有给他指出、问他有没有这回个事。要是辩方律师有问过他，若然是事实的话，受害人说不定有可能记得打他的人曾经骂过他，说了一些令他莫名其妙的话，可是辩方律师半句话没有问他，受害人想不起也不懂得主动讲。受害人作供完毕，离开了法庭，被告人作供时才忽然间冒出这关键的事实："我曾经骂过受害人、指责他如何如何不是。"这些证据要是真的的话，便会显示出他们之间可能有关系的事实，过后才提出来的时候，前面的控方证人已经没有机会去确认或证实或否认，那就显示辩方律师在质证控方证人的过程中遗漏了询问极重要的证据。按照大律师的业务守则的标准衡量，这属于失职，除了令被告人失去获得公平审讯的权利，他可以据此作为上诉理据，辩方大律师还有可能面对大律师公会纪律审查。我们作为诉讼律师，这是不可能不懂的。

二、会见过程中细化问题完善案情

多年来内地的刑辩律师埋怨会见难，阅卷难等，不知现在情况是否改善一点了？我一直觉得如果连会见也有困难的话，律师的作用很难发挥出来。如果不能会见当事人的话，作为一个律师，没有机会跟自己的被告人有充分的时间见面，很仔细很仔细地把所有的事实问个清楚明白，在庭审发问的时候，肯定会遗漏很多东西，更可能遗漏重要的东西。例如包括原来发生这个纠纷的时候，被告人只是推了他，曾经用很多难听的语言骂他，打了他只有两次，而非控方说的那么严重，也没有打他的头，根本没有这些事实等。要是辩方遗漏了这些重要情节，结果在以后的庭审当中不晓得对有关证人发问，把这关键重要事实反复弄清楚，让证人确认的话，交叉询问就会出现重大漏洞。

律师会见当事人，我们称这个程序为拿取指示（taking in-structions）。律师跟客户会面了解案情，过程当中必须详细询问他，所有的细节都要写下来。作用是什么？那当然是庭审当中交叉询问所需的材料。律师手里拿着笔录的材料，基于这些材料在庭审中用来盘问证人，包括向证人指出己方的案情事实，看证人同意不同意我方的版本。切记，别等到以后被告人作供的时候说一些与辩护基础极关键的事实，律师才恍然想起早前在控方证人作供时，忽略了向该证人指出这些事实或没有给他机会去评论、去解释、去表示同意或者否认，这便产生我说过多次的忽略了把被告人的事实版本向法庭陈述展示的问题，让对方证人有机会确认或否认，那么庭审便不可能公平又有效地进行。这点不知道在庭审进行交叉询问的时候，大家有没有意识到它的重要性。

三、提问有效的问题

谈到公诉人的责任方面，刚才我说公诉人传召控方证人的时候必须用开放性问题，除非辩方同意，或者有关的是没有争议的事实，公诉人才可以问引导性问题。有一点请注意，证人作供作得好不好，关键之一在于你的问题问得好不好。这点不是我在这里短时间可以跟大家解释清楚的。怎样叫问问题问得好，有一些指导思想，希望大家注意：第一点，诉讼律师向证人发问的时候，问题尽量短一点；第二，发问的时候，每一个问题应该只要求一个答案。一个非常不理想的问题，就是同时要求对方给出两个以上答案。

举一个例子，比如我是公诉人，在庭审抢劫案件中，受害人说有人在后面推他，令他摔倒在地上，头受伤。一个非常不理想的问题是这样问受害者："你被推倒的时候，他是推你身体哪一部分，而且你哪里有受伤？"这问题很不理想。为什么？你想知道后面推他的人推了他身体的哪一部分，这是一个答案；摔倒以后他身体哪一部分受伤，这是第二个答案。你应该把这个有点长的问题变成两个问题："你说有人在后面推你，是触碰到你身体哪一方面？""在我的背后""具体一点，你的背的哪一部分，中间、上面还是下面？""大概在中间"这是一个答案。然后："你说你摔倒，你身体哪一部分接触到地面？""先是我的腿，然后是我的手，然后是我的头。"据此一个问题，一个答案，如果你需要两个答案，便把它分拆成两个简单的问题。你的问题越简单清楚，证人回答的时候就越容易。我们最不想碰到一种情况，证人看着这个公诉人，或者被告人的律师说："对不起，我不明白你的问题。"发生这种情况，常令律师非常尴尬，更甚者是令陪审团或者法官对你越来越没有信心。所以你的问题问得浅白，用更简单的发问方式，往往令证人更容易回答，更令参与庭审的人对你有信心。

说到这里，我经常喜欢用这个比喻，我觉得这个比喻应该是大家最容易理解的，就是拼图的比喻；我说过不止一次，我们站起来准备发问的时候，心里必须要有一个全面又清晰的事实图像。我知道我期望证人给我什么证据，通过证人回答我，给我这个答案，最后，一点一点慢慢冒出这个合乎我心里已有的图像来。这就好像我们玩拼图游戏一样，一块一块小片的东西拼凑起来，最后成功拼出一个图画。也许这个拼图总共有一百个小块，作为一个诉讼律师，我们心里必须要知道这个图像是什么。每个小片该放在哪个位置，等于我们每次问一个简单的问题，证人给我们一个简单的答案，我拿到他一小片（答案），把这小片放在拼图的正确位置上，再问下一个问题，他再给我一个答案，我再放在一个位置上。我问了 30 个、40 个、50 个问题的时候，我拿到 30 块、40 块、50 块小片，都一一放到正确的位置的时候，就慢慢看得出原来这个图片是一个什么图像。

关键是我们心里必先要有这个事实图像，在盘问中我们有针对性地逐一提出一条又一条有效的问题，令我们拿到一个又一个准确的答案，一个小问题紧接着另一小问题，一小片一小片加起来，心里的图像就成为证据冒出来。当然，我们也不一定需要拿到足够一百块小片，其实能够拿到超过五十块（答案）以后，你的案情版本，你的故事就已经慢慢显露出来了，你的听众已经知道你想建立什么样的事实。刚才我说一些指导思想：我们设计的问题要简单一点，容易明白，一个问题只需一个答案，加起来，拼凑起来就是我们这整个图像。

我也喜欢用另外一个比喻：为了令听众在你发问的时候容易掌握你正在"建立"什么，方法就是尽量令现场听众听着你的询问及回答时，感觉好像看电影一样，看得那么清楚。一个方格一个方格的电影胶片拼凑起来，就有如活动电影那么清楚，比如刚才我用的事例：受害人坐公交车回到他家附近，下车，当时是 8 点钟，天已经黑了，路灯不太亮，但是仍可以看到周围环境，然后他走了 10 分钟，路上很静，后面有人推他。如果我们把环境全部慢慢描述出来的话，听众好像回到了这个现场，会有这样的感觉，我称为电影感。证人说他往前摔，他的腿，他的手，他的头碰到地上，事实过程是这样发生的，听众听起来，感觉好像身在现场一样，他们便容易掌握这暴力行为是如何发生的。有人从后面打他，他转过头去看，看到后面，大概一米左右的距离。这描述可以帮助我们的听众即陪审员，还有法官，更容易理解，听众们感觉好像身处现场一样，或者像看电影一样那么清楚，那是最理想的案件重构、事实重建。

四、提问开放性问题

律师应该理解这个指导原则。这原则适用到控辩双方的举证，二者都没有区别：当控方传召控方证人的时候，公诉人要问开放性问题，让证人自己说他的故事，不要帮助他。辩方盘问或者交叉询问的时候，则原本有自由用引导性的问题，目的为了去测试、动摇这位控方证人；辩方还要把自己的案情版本向控方证人展示，向他指出，让他有机会表示同意（或不同意），让法庭看到这个就是双方立场不同之处。至于如何实践出来，这需要一些技巧。

（一）什么是开放性问题

我说开放性问题，英文表述方式就是所谓的"六个 W"这种问题，如何问开放性问题？就是问，是谁（who），什么时间（when），什么地点（where），是什么（what），为什么（why），最后问，怎样或如何发生（how），这些都是开放性问题发问方式，在哪里发生？是什么事？是怎么样？是谁？是什么？都是开放性问题，不是引导性的。如果我是被告人的律师，到了我传召被告人和他的证人作供的时候，同样我只能问开放性的问题，以开放性问题去带领己方证人作供。

（二）引导性问题与误导性问题

上次我们讨论的时候，听说最高人民法院曾经有一些指引，说不许问诱导性的问题，我不清楚具体内容说法是怎样。我刚才说过，如果没有引导性问题，审讯是没有意义的。问引导性问题没有问题。不许问的该是误导性问题，我希望各位能区别清楚：引导性问题绝对需要问，是有必要问，不能问的应该是误导性问题。什么叫误导性问题呢？就是提出的问题并没有事实基础，或者是这个证人根本不知道、不可能知道或不会知道的事情。回到刚才我们说的抢劫这个案件：控方第一证人是受害人，第二证人是对面马路的路人，后者看到对面马路有人打斗，他不知道是抢劫，但是他看到有人打斗，然后其中一个人跑掉，另外一个人高喊"救命啊！救命啊！"，他不清楚发生了什么事情，只是刚路过那地点，看到对面马路一些状况。如果我是被告人的律师，我要交叉询问这位控方第二证人，我故意问他一个问题："当时你看到二人，其中一个人用脏话骂另外一人的时候，另一人是否挥拳击向骂人者脸上？"这问题带有误导性：第二证人可能根本没有听到（也不可能在马路对面听到）有人骂人，但是你故意把骂人这个有争议的事情，向第二证人指出，把这未经确定的骂人事实当成一个已经确认的事实，这是误导。又或者："你听到骂人的时候，在做什么？"这个证人可能心里会产生一点紧张："什么？当时有人骂人吗？有这事吗？"他可能理智地回答说："我没听到骂人。"但是他也可能心里慌了觉得"律师这样说，也许可能真的有骂人这回事，只是我听得不清楚，如果我说没有听到，法庭可能认为我很笨、我的证供不好，那就当我听到呗"，然后顺着回答说"（听到骂人时候）看到对面两人扭打起来"等等，于是，第二证人在被误导下，确认了一些他根本不知道或者并不存在的事情。通常，有一方律师提出误导性问题时，另一方律师应该很机警、很迅速地反对。

遇到像上述这类误导性问题，尤其当对方律师迅速提出反对时，法官会这样介入，向提出错误问题的律师说："律师，你不能这样问证人听到骂人的时候他在做什么，这个事实连基础都仍未有确立。你必须先询问证人'你有没有听到有人骂人?'。"理由是，如果证人回答"我听到"，律师可以顺着继续问"是谁?"和"被骂的是谁?"，还有其他更多的。要是证人回答"我没有听到"，那么律师就不能再问下面的问题了。误导性问题是，律师的问题假定证人已经同意某项有争议或不存在的事实，或没有基础的事实，你先假定他是有听到骂人的话，这是不公平的。误导性出现在假定证人已经听到了骂人，然后继而问"你做了什么?"的情况下我们要提防的是，证人也许听到一些声音，究竟有没有听到骂人? 也许那是骂人的话，也可能不是，但他并不肯定。怎料律师的问题好像假定了这是事实，"他既然认定我有听到有人骂人，也罢"。证人的思想和回答不一定那么理性，这种问题是非常误导人的。一般来说，如果你的对手是一个有经验的检控官，肯定会反对："你这个问题假定了一些事实，请你先弄清楚那些事实的基础，然后再问。"法官也会指出同样毛病。当然，如果你的对手经验不足反应太慢，刚巧法官反应也慢，就可能让你蒙混过去了，那就不公平了。我们绝对不会鼓励这些令审讯不公平的行为。

五、提问要循序渐进

公平的审讯程序，诉讼律师可以问引导性问题，但是不能问误导性问题，这一点请大家注意。为了让听众，包括法官或者陪审团清楚我们在问什么，我们经常使用一些"引言"，所谓帮助进入话题。在进入核心问题之前，我们经常会像普通谈话一样："证人，现在让我问一个关于你在现场看到所发生的事情的一些问题。"证人的回忆就自然回到现场，开始想他曾经看到什么，或者："证人，我现在想问你一些关于案发现场附近环境的问题。"我问他环境的问题，给他一个心理准备，让他回答我，这可以令证人舒服一点，他的精神和思想更集中在下面提出的问题上。

如果你问完案发现场的环境了，你可以说："现在，让我们转入另外一个问题。"例如"当天晚上你在做什么"，他的记忆，他的注意力就回到当天晚上，包括他目睹这个案件之前在做什么。如果是商业诈骗的案件，我们经常会遇到和用上一些文件，我们会说"证人，现在我有一份文件，想请你看一看，你可以用点时间慢慢看，我现在先交给你"。看完后，他有了心理准备，可以回答问题。我们经常用一点点小小的技巧，令证人作供的时候感到更容易回答问题，我们就称为"热身"。打好基础，准备好了，跟着问一些更核心的问题。千万不要轻视这些所谓的热身准备，当证人越来越进入状态的时候，以后会跟你更配合。我们在庭上盘问证人或者引导证人作供的时候，无可避免地要跟他们打一种心理战，不一定要把他击倒。我们一直问问题，一直会观察他。同样，证人回答我们问题的时候，其实他心里也会很紧张，所有的证人都会紧张。这么多人看着他，他觉得自己正在做一个非常重要的工作——作供，所以他也会很紧张，他心里经常会想着"这些律师会问我什么……"。我也遇过我自己的朋友准备去法庭作供的时候，问我："我下周去法庭作供，我很紧张，我该怎么回答？"我说："只有一个指导思想，说真话。不要想太多，不管问你什么，你就只说真话。""我怕说错啊。""不要怕说错，你可以说错，如果你的记忆有一些偏差，记错了，那不能怪你，你只要尽量把事实讲出来就可以。"

所有的证人坐在那里，看着那么多人严肃地看着他的时候，每个人都会紧张。律师必须要用一点点的技巧，令他跟你合作。每个证人的心理状态都有不同，有些很乖很听话的证人，你问什么，他都配合地回答。有一些人喜欢卖弄口才，喜欢跟你辩论。有一些人会对自己以前写的证词证言没有充分的信心，他来到法庭里面，在作供过程中多加了很多你没听过的证言或者没阅看过的事实。遇到这种证人，我们必须要懂得控制他们，必须要令他们跟你合作。我们不一定要求证人给出的答案全部都对自己有利，但是一定不能有出乎我们意料的回答，他的问题必须要在我们的估算之中，那就可以了，最重要的也在这里。

帮助证人有效地作供，询问时我们心中最好有一个时间顺序，有逻辑，按部就班。如果问问题的时候，一开始就问到核心的问题，这是很不理想的，因为以后如果回到问证人他当天做了什么，附近的环境是什么等细节，那些已经不是重要的问题，只会把他搞乱，他以为已经开始回答你最重要的地方。我们问问题的方式，应该一步一步，从没有那么重要的问题，比如附近的环境，慢慢进入到核心，按照时间顺序推展。

六、公诉人帮助控方证人建立信心基础

庭审好像一种竞赛，控方传召他的证人，通过他们的证言来证明被告人有罪，辩方目标则是竭力要推翻、要动摇控方证人的供词的可靠性。双方诉讼律师都有相当丰富的庭审经验，如果我是公诉人，我肯定心里在想，等一下被告方要盘问、交叉询问我

方证人的时候，会问他一些什么问题，尤其可能要针对哪些事实，令证人回答不了。最好在我方证人面对这位非常有能力的辩方律师盘问之前，我先把他的证供基础建立好，先问他一些有可能被对方攻击的地方，让我替他先准备一下，帮助他建立好基础，待会辩方攻击他的时候，他就没有那么容易动摇了。

　　这种情况在所有案件中都有可能发生，我举一个典型案例，看检控方如何帮助控方证人稳固他的基础。刚才我说的性犯罪案件，例如强奸案件，被告人不认罪，庭审进行无罪辩护。我们的经验是，多半涉及强奸而不认罪的案件，受害人跟嫌疑人都是认识的，很少有陌生人犯了强奸罪而在科学证据确凿无误之下仍拒不认罪的，因为控方证据都几乎不可抵抗，不认罪也不行。最麻烦的是受害人跟嫌疑人认识，而且案发之前，大家可能有朋友关系，也可能有过超过了普通朋友关系的行为，但是在案发时（控方的立场是）受害人坚持不同意，而被告人抗辩理由是受害人同意。陪审团常面临这个困难的问题：被告人和受害人以前可能有过多次"同意"的经过，偏就是案发的那次她说"不同意"。那么究竟事发时女方同意还是不同意？这往往是一个非常困难的问题。这时，大家可以想象到，被告人的律师在盘问控方证人即受害人时，将会无可避免地要引出以前他们的关系，指出很多他们昔日私人关系的事实，作为论证工具，来动摇受害人的证供和她的可靠性。

　　这个时候，公诉人为了预先巩固受害人的证言，以免她被动摇，肯定需要做大量（询问）工作来帮助她建立她的基础，因而不免要问她很多有关于两人以前关系的问题，好稳固她的证供基础。但是，公诉人怎么知道对方（辩方）将会问什么问题呢？他只能猜，只能预测辩方大律师会问一些什么问题。预测是难度很高的工作，预测永远就是猜想，所以你只能估算对方会不会用很多非常困难的问题来动摇、攻破受害人。这个分寸怎么掌握呢？靠的是经验，庭审询问大家都不免需要临场发挥。当然，被告方也未必想问太多，因为问的问题太多牵扯的范围太广，得出的事实也许对被告人不利。为什么呢？也许这两名男女以前有过很多复杂关系，可能那个女的以往曾经多次不同意，但只是没有投诉而已，也许那个男的性格非常暴力，充满控制欲，女的一直隐忍，等等。现实里面可能有太多这些事情了。被告方面当然有可能试图使用他们以前的关系来动摇这女事主的证供，但同样他也要防范出现对他不利证供的可能性：就是你提问的太多，反令女方有机会抖出被告人以前很多令人厌恶的行为来，这样的话，对被告人有利还是不利？肯定是不利。如果被告人的律师过度发问的话，只会令二人以前更多更恶劣的情况曝光，对被告人更不利，所以被告律师宁愿以前的事情不要谈太多。如何拿捏分寸便是对律师水平的考验。

七、对说真话的证人发问最困难

公诉人方面不肯定知道自己证人在接受辩方律师盘问时会说什么、不说什么，因而需要作一定程度预测，公诉人只能靠自己的经验和能力了。这是引导证人作供时经常遇到颇有难度的地方。当然每个律师都会有碰到困难的时候，对证人发问永远都不是容易的事情。对我们来说，世界上最难应付的证人就是说真话的证人。为什么？真相是推不倒的，如果遇到一个说的都是真话的证人，而据你的专业经验判断他说的确是真话，但是他的证供版本跟你的被告人给你的版本却完全不同，恐怕你只能认命，因为这个证人比嫌疑人更诚实。想一想，你能保证你代表的客户向你说的全是真话吗？我们绝不会迷信认为我们所代表的客户全都是诚实的。

我记得有一次，法官在一次预审当中问辩方大律师："大律师，你们辩护的理由是什么？"其实法官不应该这样问，但因为这是预审，也无所谓了。大律师巧妙地回答说："我的客户是清白的。"法官就不能再问下去了。这种回答等于没有回答一样。话说回来，作为刑辩律师，我们从来不会天真地相信我代表的客户都是清白的，我们只是要代表他争取一个最好的结果而已。

如果遇到说真话的证人，你怎么都推翻不了他，因为他讲出来的都是事实，都是非常坚定的证词。遇到这种情况，要么你就改变你的战略，要么你就换另外一个话题，也许最明智的方法就是停止发问。别以为刑辩律师都很喜欢讲话，站起来就滔滔不绝，不停地问问题，其实不是这样的。庭审中我们必会在心里先问自己：我是不是真的有问题要问这个证人？如果我没有问题要问，待证人首先作供以后，我们站起来跟法官说"我没有问题向这位证人发问"，就坐下来。很多的情况下，发问可能对你更不利，你进行发问只会鼓励这个诚实说真话的证人，把真相再说一遍，证供越说就越坚牢，越撼不动，那就弄得更糟糕了。遇到证人说的明明白白就是事实真相，律师最好马上就放弃，越跟他纠缠下去，对你更不利。

如果面对一个没办法应付的证人，放弃他就算了，总比你站在那里越来越表现出你的自信心不足要更好。公诉人和律师千万要明白自己的角色，我们是律师，是诉讼人，而不是证人。我亲眼看过，内地庭审中，有时候公诉人和律师忘记了自己的身份，居然自己开始作供。比如说："审判长，这个被告人当时做了什么什么事情，所以他怎么怎么样……"被告人做了什么事情，应该是由证人来讲，不是你公诉人或律师来讲。也许公诉人在研读完了所有的证词以后，以为自己对案情已经很了解，自己扮演起证人的角色开始讲话，忘记了自己的身份。发生这种情况，我们的法官肯定会提醒这个律师，无论他是公诉人还是辩护律师："你现在是在作供吗？"让我说一下法庭内的布置陈设：在我们的法庭内，有个长长的桌子，面对法官，是我们双方共享的，这个桌子有一个专有的名字叫 Bar table；大律师行业叫 Bar，不是"酒吧"，和喝酒没关系，是我们行业专有的名词。法庭内的长桌就是这样称呼。法官就会说："大律师你是不是要在 Bar table 上作供？"我们就知道讲错话了，忘记了自己的身份。

八、传闻证据不能采纳

简单地说，传闻证供（hearsay evidence）即庭外或庭审外、来源于非出庭证人的证言或事实，也可称为道听途说的言辞。传闻证据原则在普通法里是非常严谨的，传闻证据是不能采纳的。但是随着时代发展，有许多已往属于不能采纳的传闻证供，今天的证据法已经通过一些庭审程序容许它们被采纳了。这方面有机会我们再详细讨论。

普通法的基本原则是，证人的文字版供词，由于是出自庭外的证供，因此属于传闻证据，一般情况下是不能成为庭审中可采纳的证据，除非该等文字版供词得到控辩双方同意，可以采纳为呈堂庭审使用。我们在这里讨论了那么久，相信有关的道理已经很明确：证人要是不出席庭审作供，因而未经过控辩双方询问、接受交叉询问、挑战，他的证词从未面对质证、测试、澄清，更严重的是，这证人的证供永不会和辩方的事实版本或立场面对面在庭审中对质，结果变成双方证人在不同时空的情况下各说各话，而最后单凭其中一方这些文字版证词呈堂，要求法庭单方面接受这些传闻证供作为裁断的根据，这些证词的不可靠性不是再明显不过吗？

律师在庭审当中，一旦遇到证人作供期间马上快要说出传闻证供的时候，要小心。怎样小心？举个例子，如果有一个证人作供的时候，话已经说到嘴边，例如："我认识这个被告人，还有他的朋友，还有跟这个案情有关的很多证人。在案件发生之前，某一天，我曾经打电话给我其中一个朋友，讨论过这个事情，在电话里面，我们说了什么什么……"这个证人难道不是在讲述传闻证供吗？当然是最明显不过的传闻证供了！证人开始对法庭说，案发前后，曾打电话或者和朋友见面喝咖啡、吃晚饭，那时候曾跟一些人谈过这个事情，谈话涉及案件事实等，那这个当然就是传闻证供。凡是遇到这种情况，无论是公诉人还是辩方律师，我们在庭上的反应都必定是很快的，我们必定要马上制止证人继续说这些证言。

让我们深入点区分什么是传闻证供，为什么不应让证人讲述传闻证供，更不能加以采纳。此外，什么是"事实"（fact），因此可以让证人讲述。例如：证人说他认识这个被告人，这个是事实；他说他认识被告人的朋友，都是事实，没有问题。又进一步：证人说这个案件发生之前，他跟一些朋友讨论过这个案件事情，这都是事实而已，不是传闻，仍然没有问题。然而，当证人开始复述他（在庭外）和朋友讨论案件的内容，和交换意见，这就是传闻。在这方面庭审律师的反应是很快的，一谈到那个点上的时候，我们马上的反应是："证人请等一下，你说你跟朋友讨论过这个事情，你们讨论的内容现在我们不需要知道，但请你告诉我，讨论完以后，你做了什么？""讨论以后，我就去找人办理一个事情。"这是一个事实，讨论的说话内容是传闻，别说出来，但是讨论以后，证人做了什么，这是事实方面，就可以说。我们在这方面必须要反应很快，看出证人快准备述说一些传闻的事情，就马上阻止，只让他说和某人进行了谈话之后做了什么便可以，谈话内容不必讲。为什么传闻证据那么严格不能使用呢？

刚才说过，重要的原因就是无法把传闻证供在法庭审讯中验证。你听回来的东西，我们根本没有机会去核实。听回来的事情，当然有可能是真实的，这点我们理解，每天我们看报纸，那里所有的事情都是传闻，当然报道内容可能是真的（当然也许部分是假的）。但是庭审要求很严格，庭审的证据每一点都应该能够得到核实，得到独立的质证检验，我们才能接受。对于传闻证据，不管它对还是不对，真实还是虚假，问题是它既然不能让我们有机会去核实的话，庭审就不能采纳、也就不听了，道理就在这儿。所以证人如果只是说了跟朋友谈过这件事、但没有把谈话讨论的内容在庭审说出来，而只是说有过讨论过这个案件的这回事，有这么一个谈话活动进行过，这是事实，庭审中可以讲，因为并没有触及传闻证据的限制。但有关讨论的内容，由于我们不能核实，而且说话内容说了出来便有可能被当作真相，但庭审中这些内容却又无法得到验证核实，所以我们不能让证人讲。这就是传闻证供为什么要受到排除。

九、发问技巧

（一）避免冗长问题

刚才我已经说过了，再说一次，在发问的时候，要避免问太长的问题。因为会令这个证人陷入麻烦。第一，他不免要在回答中给你几个答案；第二，他可能在回答中遗漏了很多你发问的问题里面的重点。长的问题经常都是没有重点的问题，所以我们应该避免。无论那是听众，还是你的证人，都会觉得要听得懂、跟得上你的问题有很大困难。

　　刚才我说过，证人有很多种，性格也很不同。有些人是很喜欢讲话的。我自己的经验是中国人有一个毛病，就是当你问他一个问题时，他往往不直接回答你的问题，而是滔滔不绝说其他的东西。以前我在英国工作的时候，观察西方人回答问题不是这样的。你问他一，他就跟你说一，问二就说二。我不理解中国人思考的网络构造是不是比较奇特，如果你问他一个问题，用刚才的一个例子，比如第二证人，他是路上目击抢劫的目击证人，如果你问她："证人，你住在那个地方多久？""噢！我上小学已经住在那里了，那里什么人我都认识，那里发生什么事情我都知道……"她会跟你没完没了。我当然没有兴趣知道其他无关的东西，所以她的证言根本不是在回答问题。要是你问她："你对那个环境熟悉不熟悉？"说不准她能把整个小区所有的八卦事情都讲出来，中国人的思考网络经常是这样的。这也可能反映出证人没有专注聆听你的问题。如果你再问她："当天晚上你看到对面马路什么事情？""哎，太恐怖了，我们那个地方本来是很宁静的，突然两个人在吵，我也不知道他们在搞什么……"这个证人根本没有回答你的问题，你的问题好像只是挑起她一种情绪反应与联想，令她开始发表演说。我们经常会遇到这样的证人，我不知道大家碰到过的证人会不会这样。因此，要么把你的问题尽量简短，要么制止他们。如果他开始说自己从小学开始就在那里居住，"证人，稍等一下，是哪一年开始住在那里？""2001 年。"行，那我知道了。"你路过那地方，是不是经常走过？""我差不多每天都走过。"好的，那就够了。问简短具体的问题，引导出简短具体的答复。不要给证人一个演说机会，不要让他把话题拉开，拉开话题最不理想的后果，是令诉讼律师、令发问的人陷于非常被动的境况，变成了他牵着你的鼻子走，而不是你控制他怎么回答你的问题。如果我们允许证人失控，表示我们的询问很失败，请注意这一点。

（二）引导证人自己陈述

比如公诉人把受害人的钱包向他展示：

"你认得出这东西（钱包）吗？"

"是的。"

"为什么你能认得出？"

"它就是我的钱包，是我的手提包。"

"关于这个证物，你有什么要说的？"

"这个就是我被抢走的东西。"

他就可以很自然地告诉你事情经过，中间一点都没有引导性的成分在里面，公诉人只是以开放性问题让受害人自己说出自己的事实。

十、专家证人制度

因为时间的限制，我不能花很长时间去讲专家证人。我知道内地的律师对专家作供也非常感兴趣，我只需要简单说一下。第一，普通法的法庭中，负责判案的是法官，判案责任不是落在专家身上。专家当然在某一方面的科学或者其他知识受过专业训练，具有专业知识和经验，但这不等于专家讲的都是真理。而且专家只能说一些他专业的知识，对是非作判断，不是他的责任，是法庭的任务。我鼓励大家千万要避免一个思想的误区，以为这个是专家，专家已经做了这个鉴定了，事实就是这样了，他的结论就是真相所在。普通法不会接受凡是专家讲的就是终极结论，我们从来不相信这一点。专家只能帮助法庭去思考，去理解。当然他既是专家，他的证据分量必定很重，因为他是专家，这个毫无疑问。但是大家想一想，一个专家对于某些鉴定给出一个报告，你再找另外一个专家，难道两位专家对同一件事情得出的报告结论会完全一致吗？事实经常都不是一致的。第三、第四个专家对同一件事情做出鉴定，可能有第三、第四套结论，所以专家说的不一定便是真理，也不一定是最后定论，他们只是协助法庭去思考和理解而已。第二，专家应该是中立的，绝对不能谁付钱就替谁说话。在法庭里面，按照刑事或者民事诉讼程序，每个专家都在他撰写好的专家报告之后，把专家"守则指引"重点写一遍。即写完了专家报告之后，在最后页作声明："本人已经阅读过高等法院发出的对专家证人的指引，我知道我的任务是什么，我知道我的报告目的是什么，我知道我对法庭负有忠诚的责任，我确认本报告是一个中立的，真诚的，按照我的专业意见写出的报告。"他必须要作出这个声明或宣言，不然的话，专家作证就变成了利用专家能够提意见这种特权，为一方进行辩护，这是不对的。不止一次有朋友跟我谈到，比如我们的刑事案件，如果有被告人用精神毛病、心智不正常来作为辩护理据，香港有没有这种辩护策略？当然有，并不罕见。但是不是律师在庭上站起来说"我代表被告人告知法庭，因为他的精神有毛病，所以他应该无罪"便行？那当然没有那么简单。

　　被告人如果想用精神状态不正常、不健全来作为抗辩理由的话，我们有非常严格的规定，他必须要得到一位精神科的专家的证供报告。不是所有的精神科医生都符合专家资格，我们有一个名单的，香港有很多精神科医生，但是名字被放到专家的名单上面，应该只有100个左右。真正具有权威地位的，符合资格，比如有特别高的成就，有足够的经验，有特别的研究，他的名字才能被放到精神医生专家名单上面。被告人必须要有精神专家替他撰写报告，确认精神方面患了什么毛病。按法律不能是病人说自己有任何精神毛病，被告人便无罪，必须要分析，从病理学上面，他是什么毛病，这病情会出现什么不正常的行为，不正常的思想，不正常的反应情绪，等等。例如说，当时如果他有定期用药，他的不正常精神状况可以受到控制，但是根据当时的资料记录，他已经五天没有用药，所以在病理学上面，他有可能出现什么什么反应，出现这些反应，他的认知能力可能减低到某种程度，他自己不知道，而且也判断不了自己行为的后果。报告必须要这样陈述，这样才是一个专家应该有的逻辑。

如果打算使用精神专家证供来支持被告人无罪，这份专家报告书必须要在审前预早提供给控方，因为控方可以把这个报告交由他们的专家研究，然后决定同意或不同意，如果控方不同意的话，控方便提出他们自己的专家，双方的专家就要出庭了。被告方的专家出庭，控方的专家也出庭，两位专家提出两套理论、两套分析，让法庭或者陪审团决定相信谁，这是另外一个被告证据披露原则，就是辩方除了"不在场证据"必须要披露以外，如果他们打算依赖精神状态不正常作为辩护的理由，必须要把他们的医疗的报告，医学分析的报告，向控方提供，然后双方互相交换报告，分别研究过，准备庭审中传召专家作供。这样一来，庭审证供过程其一主要部分便是专家的交锋。庭审前互相交换报告的目的便最明显不过了：控方看到辩方提交的精神专家医疗报告，然后请他们的专家研究，两位专家的结论可能一致。如果是一致的话，控方觉得这个医学结论是一个无罪抗辩的好理由，控方可能就撤诉。按香港刑法和刑事程序法，就算控方撤诉，如果这个患病的人犯的是非常严重的罪，比如非常严重的暴力，比如他在火车站拿着刀砍人了，精神专家判断他当时因为没有药物因此失控了，他犯案时不知道自己行为的严重性。然而，他脱罪是不是等于自动被释放回家，难道就让他过一周后再次不服药然后再犯一次同样的罪行？当然不是。一般来说，控方会在法庭上面陈述控方的证据，陈述双方专家的报告，双方专家鉴定这么严重的犯罪的行为起因，如何因为没有用药导致他拿着刀在火车站砍人。法律上，根据医学判断，他真的不理解自己行为的严重性，因此罪名不能成立，但是他肯定会继续对社会构成威胁，这个时候，控方虽然撤诉，但却会要求法庭颁下一个强制医疗令，把他关押在精神医院接受治疗。直到什么时候为止？刚才我说有表列上的精神专家，当病人得到最少两位表列精神专家签发证明书，确认这病者个人健康情况已经不再构成社会危害，便可以得到释放。

按照法律就是这样，不等于撤诉了，脱罪了，被告人就可以恢复自由了，等待下次再来一次暴力行为，那怎么办？每当谈到跟精神有关的法律问题方面，总有点复杂。香港有精神健康条例，立法方面规定得很详细。当然，香港有一个比较完善的公共医疗服务系统，香港的医疗服务系统还算是满意。如果有严重的精神毛病的人，要是对社会构成大的危害或威胁，虽然他们的行为在法律上未必构成法律责任，但是我们总不能让他们随意拒绝治疗，因此只能强制把他拘留在医疗系统内照顾他，只能这样。

简单来说，专家提出专业意见，去帮助法庭更好地判定案件，尤其是刚才我说的特别严重的案件，比如使用利器伤人。法官很有必要决定如何妥善处理这个人，如果有专家协助提供意见，法庭就能得到最大的帮助，包括下达强制医疗令，把他关押在医院里面接受治疗，一直到精神足够健全，康复过来能重过自由生活。

十一、交叉询问的技巧

下面来讲一下交叉询问的一些技巧。其实技巧涉及很多方面，我把比较重要的一些原理与实践陈述出来，大家可以参考一下我们的经验。

（一）为交叉询问做好准备

在询问证人，即辩护人交叉询问或者盘问时，刚才我已经说了一点，在进行庭审询问证人之前，首先要做最重要的一步，就是准备。准备工作包括获取指示，很全面很深入地向所代表的当事人拿取指示，了解整个案情、事件整个发生的过程。这一步必须要做得非常充分、详尽、全面，怎么充分详尽全面？下面我们进行讲述。

（二）交叉询问的指导原则

有两点指导着我们的交叉询问，第一，我们必须要通过发问在证人的口中拿取有利于我们的证据；除了拿取对我们有利的事实，第二，在询问的过程当中，通过问题去测试及动摇、攻破对方证人的可靠性，令陪审团或者法庭觉得对方证人不可靠，他的真实性很可疑。这一点我们可以这样思考，我们的做法是：首先向我们的客户充分了解案情，所有有关的细节都问得够清楚，那我们手上就有充分的装备，运用这装备，在庭上站起来盘问证人的时候，自觉手上有了足够的弹药和武器，自信我们已经充分武装好。我问问题的时候便能够问得很细。为什么要问得那么细呢？说出来很简单，如果证人要说假话，他心里自以为已经准备好整套假话来回答我，然而他们总会在细节方面出现漏洞。如果律师能通过有效的询问，特别是在细节方面在证人的证言证词上打开一个裂缝的话，我们就更容易顺势把这个裂缝越来越扩大，最终证人就垮下来了。

举一个例子：一个伤人案件，我们代表被告人，他被控伤害他人身体。他的辩护理由是"自卫"，控方主要证人即受害人，其作供的时候指控被告人当时打伤了他。受害人在控方的直接询问，即首次控方引导作供（examination-in-chief）下，回答开放性问题时说：2016 年 11 月 25 日下午 3 点，在一个什么公司里面，被那个被告人打了。"他怎么打你？""他进来我的公司，然后问了我一些问题以后，就开始打我。""他怎样打你？""他首先用手、用拳头打我的头，然后在我的桌面拿起一些东西打到我的头上，打了以后，他就走，如此这般，就是这样。"公诉人将会按照他的证词简单地把事实陈述一遍。

审前阶段我跟被告人准备这个案件的时候，被告人说"我没有打他，我是自卫，是他先打的我"。各位朋友，你们跟客户见面的时候，是怎么样获得指示？我记得在另外一个场合，我们曾有过一次模拟示范，律师模拟跟客户见面向客户拿取指示，研究案情，他会写下以下事实："被告人进入受害人的公司，然后受害人跟他吵了起来，就动手打他，然后被告人把受害人推倒，并打了几下，就离开了公司。"就这么简单的指示记录。我说不行不行，如果我们得到当事人的指示就只有这样简单寥寥数语的话，有什么毛病？请注意：如果论证的事实细节这么简陋粗糙，等于你上庭盘问前并没有准备好，你手上并没有足够武器弹药。大家想一想，一个做好充分准备的专业律师该怎么样跟客户了解这个案件？当时我给他们示范，应该怎样开始，而且要做详细笔记。这一切都是我上庭前手上准备的武器，是用来盘问对方的武器。

举例如下，比如我代表的被告人叫 D，受害人叫 A。A 便是出庭指控我们的控方证人。被告人 D 告诉我事情经过是这样的：D 走进 A 的办公室，跟 A 讨要欠款（案件性质涉及个人债务的问题）。在详细拿取指示了解案情，向 D 充分了解事件始末与经过，有了充分审前准备我们才能在庭审中质证。以下，我们以辩方律师身份，在会见被告人 D 时向他详细拿取指示，向他了解案情，引导他把他的案情版本说出来。

"事发时你跟 A 认识多久？"

"一年多。"

"熟不熟？"

"也行吧，经常一起喝酒。"

"多久见面一次？"

"平均一个月在酒吧都有两三次吧。"

"为什么你们在酒吧见面？"

"他喜欢喝酒，我也喜欢喝酒，所以经常见面。"

"除了在酒吧见面，还有什么地方？"

"基本上没有，都是酒吧。"

"你们交往中他有什么特别令你印象深刻的行为？"

"有一次他跟我借钱。"

"是什么时候？"

"2016 年 4 月中旬左右吧。"

"他跟你借了多少钱？"

"借了一万。"

"为什么借了一万？"

"他说他赌博，家庭有困难，要跟我借一万。"

"你有借给他吗?"

"有。"

"为什么借给他?"

"他不停地问我，我觉得他烦人就借给了他。"

"有什么协议?"

"他说很快一个月就还给我。"

"借钱的时候是什么时候?"

"4 月中到 4 月底左右吧。"

"一个月就是 5 月中到 5 月底要还了?"

"是啊。"

"他做什么工作?"

"他说在什么什么企业工作，他说得好听，我也不知道是不是，他说他一个月八万收入，我不知道为什么连一万都要跟我借。"

"然后呢，有没有再见到他?"

"后来就没有见到他。"

"后来怎么找到的他?"

"打电话他也不接，找也找不到。"

"你多久找他一次?"

"差不多每天给他打电话，他都不接，然后终于有一次我在他公司外面等他出来，跟他要，他就是推搪不还。"

（**注**：所有这些细节，什么时候，哪一天，在什么地方跟他要钱，都是审前准备中律师必须向 D 询问清楚的事实。）

"你去过他公司多少次?"

"差不多两周去一次。"

"他公司在哪？"

"企业路企业广场。"

"去公司什么地方？"

"在楼下。"

"在楼下什么地方？"

"在门前，大厦的楼外面。"

"走进他办公室吗？"

"从来没有，当时他一直不承认，后来11月25日那天，我忍不住了，就走进他办公室问他，然后他指着我，骂我，说我烦。"

"他骂了你什么？"（逐字写下来，时间几点钟，骂多少分钟，A用什么语言骂D，都写下来，准备需要的时候进行交叉询问。）

"然后你有什么反应？"

"我就跟他吵起来了。"

"你说了什么？"（D说了什么都记录下来）

"当时他觉得我很烦，说我骚扰公司其他人，要我走，我不走，他就推我，要把我推到门外，我就用手把他挡开，然后他再推我，我用力把他推开的时候，他摔倒了。"

事实过程慢慢开展，事件从债务纠纷开始变成了争吵，开始身体碰撞，然后A摔倒、站起来，A疯了，他不干了，扑到D身上跟D扭打起来。A怎么打D、用手怎么打，都要写下来。然后D把他推开，D当时真的很生气，就把A按在地上用拳头打了他的头几下，D就走开了。事情虽然有点复杂，到了庭审盘问的时候，如果你手上拿着那么详细的笔记的话，这么多"细节"，庭上听众听起来会觉得怎样？那事情绝对不止伤人那么简单，背后有很长很长的故事。过程当中，这个被告人其实已经非常克制，开始只是打电话要讨回他的钱，然后多次在他的公司下面等候，他也不想找证人麻烦，因此每次都是在公司外面等候。但是证人一直都不理睬，他才找到办公室来，是证人先骂他、推他，而且使用了不当暴力。这样的话，法庭会决定"自卫"（或"正当防卫"）最终成立或不成立，但是，被告一方至少有一个合理的自卫基础事实建立起来。拿着这么多的事实，到了控方证人 A 作供阶段，辩方律师在法庭上一句话一句话盘问控方证人，把二人整个交往历史问出来，交叉询问过程中采用的几乎全部都是引导性问题（leading questions）：

> "你是四月中在酒吧跟被告人认识的，是不是?"
>
> "是啊。"
>
> "酒吧名称是什么 XX 酒吧?"
>
> "是。"
>
> （辩方连酒吧名字都讲得出）
>
> "然后差不多一到两周你们在 XX 酒吧见面?"
>
> "差不多吧。"
>
> "你告诉他在什么公司工作，什么企业工作是吗?"
>
> "是。"

请注意：这全部都是引导性问题，正如我说过的，是被告方开始陈述自己的案情版本，而这些都是控方证人不容易否认的事实，听众听起来会觉得怎么样？我说过"电影效果"：原来这是一个开始由朋友关系最后因为债务反目变成仇人的"风云"故事，整个故事得以通过交叉询问慢慢演示出来的话，听众就觉得原来事件别有内情，听到前因后果，才感到不像先前想象的只是一个被告人用暴力对待另一个受害人那么简单。这样的话，最后

"正当防卫"成立不成立？可能成立，可能不成立，但是至少控方证人的诚信、可靠性、信用，他的证供的真实性，全都在盘问中受到了严重质疑。

庭审当中，如果证人证供的可靠性被动摇的话，你想控方的基础会怎么样？当然也被动摇了。从法学院开始，老师的教导是，别以为庭审能那么容易找出真相，庭审往往不是找出真相的地方，庭审是通过证人作供、质证、诘问，让我们去断定证供可靠性、可信性的机制。谁更可信，法官就采纳谁的证供。内地庭审判决书说"事实清楚，证据充分"，香港法庭的判词不用这些语言。法庭是看哪一个证人说的话更接近真实，就更愿意采纳他的证供，因为他比较可靠。按这样的考虑方式，刚才那案例的受害人作供的时候，自己以前借了钱不还，人家找他也不理睬，还殴打人家等这些不光彩的历史一点都不提，也不承认，只是说人家打他，这个证人可能令法庭觉得他并不可靠。法庭可能会认为也许被告人曾经真的有向受害人动武，但是这个案件不免疑点重重。当疑点存在的时候，疑点的利益归于谁？当然归于被告人。

被告人能够脱罪，因为事实往往并不是那么简单，也不是有罪无罪那么黑白分明。世界上的事情永远都不是黑白分明那么容易理解的，可能是黑，可能是白，可能是灰，也可能三者都不是，真相往往是不清楚的。不清楚就是有疑点，有疑点的利益应该归于被告人，这是审判案件的法理规则。如果我们律师有充分的准备，获取指示的时候，写得详细，把发生什么事情、讲过什么话、地点在哪里、人在哪里工作、连地址都清楚记录的话，在庭审当中把这些细节一点一点去问对方，对方哪怕是最擅长说假话的人，最后都会抵受不住的。因为他心中想的是谎言，编造的事实通常没有想那么细，那么具体，因此容易被攻破。当你用大量细节一点一点测试他的话，他的信心就很可能会动摇。

因此，成功的交叉询问开始的第一步，不是发生在庭上，而是发生在还没有到庭的时候，也就是在我们的准备会话阶段。

（三）不能蓄意误导法庭

虽然刑辩的目标是为我们的客户争取刑事程序里面最大的利益，但是无论怎么样，律师都绝不可以蓄意、故意去误导法庭、说假话，这是至高无上的原则。

（四）引导证人回答“是”或“不是”

刚才我谈到一点，现在可以说详细一点：专业且有效的交叉询问或者盘问，是尽可能令证人只给你最简单的答案，例如“是”或者“不是”。以前我们的师傅的指导是，在陪审团的庭审中，要尽量确保在开始盘问的15分钟（参考指引而已），证人所有回答我们问题的答案都是“是”或“不是”，顺着我们的意思给我们回答。这是最顺利、最有效的。为什么这样是顺利的交叉询问？就是刚才我用的一个例子，证人答“是”，我成功从他回答中拿到我要的一小片图片，放在那个框架里面适当的位置。我再问他下一个问题，他再回答说“是”，我又成功拿到一小片，又放在另一个适当位置。问了15分钟，（当然这只是一般性的指引）他回答的全都是“是”，或者有些“不是”，当我可以很成功地拿到20多片、30多片、40多片，图像已经慢慢冒出来了，我们心中的电影影片已经放到差不多一半，大家都大概知道了这戏剧、这电影的剧情原来是这样。也就等于我们的听众跟得上我们，这就是所谓最理想、最顺畅的盘问，令证人都同意我们的诘问。注意：律师提出的这些问题，绝大部分都是引导性问题。

当我问证人“是不是这样?”，“是不是”是引导性问题，目的就是把问题中包含着的内容即我方的事实版本拿出来：“版本一，是这样，对不对？"；接着是："刚才对方说的版本二，是不对的，你同意吗？"当对方证人渐渐同意我们，那样我们的版本便更可信了，那就是成功的诘问。

（五）提问不能偏离客户指示

在陈词当中，律师可否提一些缺乏客户指示的事实（或辩护理据），而是律师自己提出的？香港律师不会这样做。我们提出的问题、陈词、辩论的观点，一般都不会偏离客户给我们的指示。我们应该集中在客户给我们的指示范围里面（一般称为己方的案情），而不能超过案情范围。因为如果这样做以后可能会碰到一个危险，就是当我们代表的被告人在庭审作供时，他的说法会凸显和律师的论述不一致，令法庭发现要么是律师编造了不符事实的事项，要么被告人自己出现不同事实版本或偏离原来的案情，他的证供因而出现前后矛盾。如果是前者，即等同律师在明知没有事实基础的情况下，编造出事实来，这是严重违反专业诚信的行为，等于误导法庭。律师发问，进行盘问，陈词，辩论，基础都不可以超过客户指示的案情范围。

（六）不要问不知道答案的问题

这一点很重要，除非真的有必要，否则不要问一个我们不知道答案的问题。我不知道大家有没有想过这样一个规则，在盘问过程当中，如果我们问证人太多问题，问到一些我们不知道和预测不到答案的问题，可能会出现两个非常严重的危险。第一，这个证人可能给你一个你不想听的答案，对你有害的证词（当然证人自己不大可能会意识到他自己说什么会对某方有利或不利）。如果我多问了一些多余的问题，而且是非常不必要的，结果出乎我的期望，证人给了我一个对我方不利的答案，令我措手不及，那就糟糕了。话一旦说了出来，就收不回去了，我总不能让证人收回这个答案，我不能说"我不要你这个答案，请你撤回!"，谁叫你问了不智的问题! 发生这个情况，我们就会陷入非常被动的状况。第二，如果你自己不大肯定这证人对你发问的问题可能会给出一些什么答案，这等于让证人自由发挥，最可能发生的后果就是，这个证人不处于你的"控制"下作供，他处于完全自由的状态了，变成他引导着你、牵引着你，而不是你控制着他，这样你便变得非常非常被动。所以，除非我们有很大的把握，知道对方将回答什么及预计这个答案对我们有没有伤害，否则，有风险的问题我们最好不要问，尤其是那些我们不能预知答案的问题，千万别去碰。这种技巧，我们的诉讼律师都非常明白，在庭审证人作供过程当中，有太多太多难以估算的风险，我们必须要提防。

（七）最终武器

交叉询问的时候，我们总会有一些最终武器，用来进行最后总攻击，把对方击倒。我们展露"终极"武器之前，要先做充分的准备工作，先把证人包围，把他推到一个角落，困在一个小空间里面，令他逃不出来，没有退路。我们一般都会做很多的准备工作，问一些看起来没有伤害性的问题，一步一步把他推到一个角落，然后亮出最终的武器。那可能是一份文件，要他看过之后没办法逃出来。我们必须要防备，证人可能心里知道自己有些脆弱的地方，他会很懂得说一些假话来给自己解释、开脱。我们必须要预测他会说什么假话，把他准备说假话的地方封掉，所有有可能说假话的地方都要堵住，令他只余下"坦白承认"一条路。到了那个境地，他已经在很小的空间里面，我们再使出这最后的文件或证据，跟他对质，让他承认。这需要一点耐性，慢慢去做。

（八）避免不应该问的问题

我开始的时候讲过，盘问对方证人的时候，我们必须要在结束之前把我们的案情公开讲出来，把我们的版本，跟他所说的不同的事实一点一点指出来，给他最后的机会说"同意"还是"不同意"。忽略了这一步的话，会显示我们不够专业。

大家不要以为律师交叉询问时问得越长，问得越多便越好，聪明的律师应该首先问自己："我是不是真的有问题要问？"如果有问题要问，问多少，问多长，哪些不应该问的地方，最好就避免。什么问题需要避免呢？就是对方证人在接受控方引导作供时，说了一些对你很不利的但又难以撼动的证言的时候，你最好不要重复。如果你偏要他把之前说过的对你不利的证言证词再说一次，只会让他把一些你认为想推翻的、想反对的事实重复一遍，把不利的证供说得越来越坚定而已。所以有些方面如果对你来说是你的弱点和脆弱的地方，就别再去碰它。但是，它对我确实有伤害性，怎么办？没办法，那是事实，打不过的，绕道过去，你只能期望从另外的角度建立疑点来动摇他。

十二、发问的十条规则

最后我简单总结十条规则，我觉得总结得非常好，这十条我刚才都讲过：

第一，要简单、清楚地发问，用比较简短的问题，通俗易懂的方式。

第二，我们遇到的证人，大部分都是普通人，我们必须要用简单浅易的语言去问问题。

第三，如果可以的话，最好用引导性的问题，中文有句话，开门见山。率直的问题，大家都听得明白，不用拐弯抹角，单刀直入，大家更容易懂。

第四，我们要小心听证人的回答；有些人懂得问问题，但是听不懂人家的话或者听错人家的话，往往会闹出大笑话。

第五，除非没有选择，否则不要问你不知道答案的问题。问你知道答案的问题，是让证人给你一个你心中期待得到的答案。

第六，诘问过程中，只许证人说出"事实"，别给他机会"解释"。你给他机会解释自己的行为的话，就等于他有机会合理化自己不对的地方。我们不会给对方证人机会去辩解开脱自己，所以别问他"为什么"，别让他解释。

第七，首次作供的时候，如果他作出一些对你不利的证言，最好在交叉询问时不要再碰这方面的证词。

第八，千万不要跟证人吵架。吵架经常发生在什么情况呢？有时候我们会遇到一些态度傲慢的证人，你问他问题的时候，他不直接回答你的问题，而是反问你。比方刚才说的办公室打架事件，控方证人指称被告人打了他，如果我问："是不是你首先用手推的他？"他会反问你："大律师我请问你，如果有人不请自来，到你的办公室里面跟你谈私人的事情，跟你无理取闹，你生气不生气？你来评评道理呀？"庭审中经常会遇上这样的证人，作为大律师会怎么反应？会怎么回答他？答案就是不回应他的挑衅。我们的反应肯定是："证人，请你听清楚：我在这里是问问题，不是回答你的问题，请你现在回答我的问题，要是你听不清楚我可以把问题重复一遍，你需要吗？"一句话把他甩开就可以了。最不明智的律师就是"我才不会像你这样没有修养、野蛮的人……"或者"我是律师，我才没有你那么没素质……"，这等同在庭上吵架。作为一个专业律师，我们的 EQ，情绪商应该足够高，不应该动辄动气。证人可能故意去挑衅你，故意令你生气。如果你生气，那就掉进他的圈套了。所以他可能说："大律师，在那情况下你会不会生气？你告诉我。"请记住，律师的任务是问问题，不是回答问题。你的态度该是绝不接受他反问你，别跟他吵架，他没办法，一定要回答你的问题。作为一个诉讼律师，一定要沉得住气。在庭审当中，千变万化，各种各样的人都有，这种故意摆出一种不文明的态度来挑衅你，想跟你吵架的证人，如果我们掉进这个圈套，是非常不明智的。

第九，已经问过的问题，不要重复，这是浪费时间，我们的法官受不住重复问问题，他可能提醒你："大律师你刚才已经问过这个问题。"重复同一个问题是不公平的，不公平在哪里呢？同一个问题向同一个证人再问一次，以为希望他给你两个不同的答案，那你就可以指控他前后矛盾，这是有一点不太公平的。如果你问一个人同一问题二十次的话，也真有可能会给出两三个不同的答案，这是不公平的，好像故意设一个圈套，来骗证人上当。所以重复问题，第一浪费时间，第二对证人来说是不公平的行为。

最后就是发问的时候，千万不要把发问跟陈词搞乱。有些发表观点的言论在发问的时候应该避免，要表达观点，留待最后陈词辩论的时候再提出。这方面好多没有经验的律师、大律师、诉讼律师都会搞错。

第十，律师应该尊重及遵守专业的伦理道德，我们对证人也应该抱着一种尊重的态度，不要用带有侮辱性、不礼貌、有攻击性的讲话态度。

十三、非法证据排除问题

香港刑事诉讼中，非法证据排除是经常发生的。我刚出道代理刑事案件的时候，常有被告人投诉调查期间受到警察的压力，有发生暴力，或被打的，都有，虽然不算太多。打得很厉害吗？警察也不敢，太厉害的话，在医院容易检查出来，警察就有麻烦了。警察打人是有刑事责任的，也会承担民事赔偿责任，这些案件我都办理过，就是控告警察在调查过程中打人，后果除了打人的警察被判有罪，坐牢 12 个月都有，还要赔偿被打的被告人。警察打人是非常严重的案件，因为他们是公职人员，公职人员守法的意识应该比其他人更高，他们带头违法的话，受到的惩罚比普通人殴打其他人更严重。所以警方被民事起诉的话，警务处要赔偿。可能大家听起来有点不可思议，警察打了人，警察部门要赔偿，这是香港法律。

最近很多年来，我比较少听到香港警察查案过程中使用严重暴力。我自己认为有以下原因：第一，冒的风险比较大；第二，警察害怕麻烦。我们在庭审当中有一个程序，是非法证据排除的程序。庭审中启动这个程序令警察很麻烦。慢慢他们反而会觉得，如果证据既然足够的话，倒不如按照正规程序来调查，使用合法证据检控嫌疑人，犯不着使用暴力，否则嫌疑人动不动就投诉警察使用不当压力，就算不是身体的暴力，即使是语言的暴力、威胁，受到投诉的警察也觉得太麻烦，所以宁愿避免。近年警察调查嫌疑人多了使用录像，用录影记录调查的过程，现在使用非法证据排除发生率比较低了。现在也有听到投诉警察的，性质是例如在录影之前，警察会威胁嫌疑人说："你跟我们合作，快一点认罪，这个是小事情，我们可能不检控你，不然的话，我们不给你保释，我们去搜查你家里再查你的家人，你就麻烦了。"嫌疑人便屈服、认罪了。这是所谓的诱供，也是不当的行为。

香港庭审非法证据排除程序，律师是怎么样办理的呢？办理一个案件，控方的证据里面如果包括被告人自己的招认，而招供是录影下作出的话，要推翻是极难的，如果调查录影过程非常正规，嫌疑人坐在那里接受查问，调查人员按讯问程序，问正规的问题。那什么情况下最常遇到嫌疑人投诉受到刑讯逼供、在调查人员暴力或威胁下招供？一般都是没有使用录影调查，只使用书面的证词，嫌疑人在压力下承认指控。我们多次遇到过需要进行排除非法证供程序的案件，属于投诉受到严重暴力的倒不算太多。相当多的事件是，被告人虽然没有受到严重身体暴力对待，但是警察调查他的时候用恐吓的话，还恐吓他的家人，最后他在压力下屈服认罪了。好了，律师在庭审前准备排除非法证据策略，首先要让被告人把警察调查他的过程说一遍，当然律师会以问题协助他把所有有关情况说出来。以下是律师向投诉人了解事件过程始末的方式：

　　"警察什么时候来调查你的?"

　　"是 10 月 15 日来搜查我的家。"

　　"是几点钟?"

　　"早上差不多 6 点。"

　　"当时你在做什么?"

　　"我还在睡觉，还没起来。"

　　"家里有什么人?"

　　"有老婆，有小孩子。"

　　"小孩几岁?"

　　"3 岁。"

　　"他们当时怎么进来?"

　　"他们敲门敲得很用力，很吵。"

　　"然后你做了什么?"

"然后我去开门。"

"开门做了什么？"

"他们七八个人冲进来，对着我，非常凶，把我推到沙发上，指着我骂。"

"你说七八个人，男的还是女的？"

"一个女的，其他都是男的。"

"有没有制服？"

"有两个没穿制服，其他人都是穿制服。"

"有没有搜查令？"

"没有给我看。"

"他们指控你什么？"

"他们说指控我什么我自己知道，让我快点承认，也没有告诉我指控我什么。"

"当时你穿的衣服怎么样？"

"我穿着睡衣，都没有怎么穿衣服。"

"你家里人怎么样？"

"我的孩子在哭，我老婆也在哭。"

"然后他们有没有进你的卧室？"

"有啊，他们在里面指着我老婆骂。"

"所以对你对你家人的压力全都在里面，然后呢，他们在家里做了什么？"

"他们搜查。"

"他们搜查的时候你有没有看着他们？"

"没有啊，我在客厅，他们在我两个卧室搜查了什么我都不知道，当时要我坦白，说看我老实不老实，说他们什么事情都知道，然后说了一些恐吓的话。"

"最后呢?"

"后来他们把我押走了。"

"什么理由?"

"不知道,他们说我心里明白,就把我押走了。"

"那你穿衣服没有?"

"睡衣,披着一件毛衣,什么都没有,后来把我带到警车上面。"

"警车上有多少个警察?"

"左边是刚才那个领队,就是推我的那个领队,右边是另外一个人,前面开车还有另外一个人,四个警察。"

"在警车里面发生了什么事?"

"坐在前面那个警察转过来,打了我一个耳光,还说了一些什么话。"

"你认得他吗?"

"我认得他,四个人我都认得。"

除了没有出示搜查令,用了恐吓语言,而且对家人有压力,在车上面使用暴力,打了他一个耳光,回到公安局还发生了很多事。所有我们都会用来挑战,发生了什么?怎么样发生的?是谁做的?都写下来,都是用来推翻招供的理由。开审之前,我们会通知控方,控方一般都会告知我们有什么什么能同意的证据,包括他的招供,问辩方反对不反对嫌疑人招供的证词。如果我们反对,行,我们有一个既定的排除非法证据程序,包括把我们刚才所有这些反对的理由,怎么用压力恐吓他的家人,把他押到警车上面,打他,说了一些恐吓的语言,暴力的情况,以正式书面的反对理由,写下来,把反对理由书在开审时交给控方,然后告诉控方,辩方要求传召和质证总共七个警察,包括那个女的,他们

全都是辩方要求控方传召，交给辩方盘问的证人，辩方的说法是
这些警方人员的行为令被告人作出不自愿的招供。

　　推翻、排除非法证据的一个主要理由，是嫌疑人在不自愿的
情况下作供。为什么不自愿呢？受到压力。压力可以是身体遭受
到暴力对待，可以是用暴力语言例如恐吓，属于精神方面的，都
有可能。我们把这些理由都记录下来，告诉控方。我们说过，辩
方案情（除了不在场证据）不必向控方披露。但披露刑讯逼供的
情节则属例外。怎么这种情况是例外？我们反对刑讯逼供所得出
的招认，为什么反对？理由是什么？事情是怎样发生的？公诉人
不可能知道嫌疑人有什么说法，指控警察的内容细节是什么。解
决方法就是，庭审开始前，辩方通知公诉人，把我们指称刑讯逼
供的情节以书面形式通知公诉人。说到这里，我们马上便回到先
前所说的向我代表的嫌疑人取得详尽指示资料与有关事实："你
说有 7 个警察向你作出不当行为，那你知道 7 个警察的名字吗？"
"不知道。但是他们都是属于该调查小队的警察，这个警察调查
小队有 20 个人。""20 个人，行，我通知公诉人传唤他们 20 个警
察成员来到法庭，在开审前，你来辨认一下，看是否认得出他
们。"这程序当然很麻烦了，各位朋友常抱怨说内地的公安人员
基本不出庭。如果我们要指控部分人员在调查期间曾使用不当的
行为，但是说不出他们的名字，在庭审制度下香港警方和控方必
须要跟辩方配合，这都是经常发生的，每个刑辩律师都曾处理过
类似的案件无数次，包括我自己。由于嫌疑人不知道有关警方人
员的名字，但既然辩方提出刑讯行为的指控，而控方负有举证责
任证明没有刑讯，那么唯一的可行程序便是请控方把 20 个有可
能参与了刑讯的人员都带到法庭来，让嫌疑人辨认是谁。具体地
说，我们开庭审讯之前，法官未到庭前，检控大律师与警方的案

件指挥主管带着 20 个警察走进法庭，坐在公众席上，案件的警方主管，检控官，加上辩方的律师队伍，陪同被告人，站在这 20 个警员面前，我会问被告人："你小心看看在座这 20 个人，是谁打了你？谁说了哪句恐吓的话？谁威胁了你？"等等。被告人逐一看这 20 位警员，按照他能辨认出来的，谁对他干了什么的，"是他，女的是她，还有这两人。"等等。"就这几个人吗？真的吗？""看清楚了，是，就是他们了。"嫌疑人可能只能认出 6 个人，第七个他想不起来了。"总之是这 6 个人，是不是？""是，尤其这 4 个当日坐在警车上面，我认得他们。"

我便告诉公诉人，我们认得出 6 个人，公诉人告诉警察的指挥官，指挥官说："你们这 6 个人留在这里，坐在庭外等待传唤作供，不要离开法院大楼，其他人都可以走了。"于是庭内辨认手续完成，有 6 个警员证人需要留下来在排除非法证供程序中作供，其余人等可以离开。听来多浪费时间、多麻烦啊！那 6 个人不许走，我们需要什么？控方必须要把那 6 个人的名字、编号写下来，交给我们，现在辩方有了他们的名字了。他们在庭外面等候，开审的时候，轮到这个程序，控方准备举证提出被告人招认的供词的时候，即排除非法证据的程序。这个时候辩方向法庭正式提出反对，宣读出我方的理由，通常是读出已披露给控方的书面的反对理由。控方已经有机会看过，现在，辩方再呈上给法官。

法官会询问："你们（控辩双方）想怎么样做？"控辩双方准备传召这 6 个警察，与辩方指控刑讯有关，反对控方引用被告人 2016 年 10 月 15 日晚上 8 时至凌晨 2 时在警署所作的证词。然后，排除非法证据的程序，辩方开始盘问 6 个警员。假设第一个是那 7 个警察的领队，40 多岁，胖胖的警察，刚才被告人已经认出来了。刑辩律师是这样开始盘问的：

　　"10 月 15 日，你奉命去搜查被告人的家，是吗？"

　　"是。"

　　"你有搜查令吗？"

　　"有啊。"

　　"在哪里？"

　　"在这里。"（当庭出示）

　　"搜查令当时带在哪里？"

　　"我带在身上。"

　　"有向被告人出示吗？"

　　（他肯定会说"有"，我们认为他说假话。如果他说"没有"，就死定了，所以他也没有选择，必定说"有"。）

　　"我向你指出，你根本没有出示。"

　　"我不同意，我有。"

　　刚才我说要把我们不同意的地方向他指出，我方坚持他根本没有出示搜查令。警察不同意，说"有出示"，分歧就在这里。

　　"当时是几点到的他家？"

　　"早上我们到的时候 5 点 50 分，进到他家的时候大概 6 点左右。"

　　"为什么要选择 6 点钟去？"

　　"因为我们在前一天晚上 8 点上班，然后我们用了一个晚上讨论，到 4 点钟准备好就出发了。"

　　"为什么你们不等到 9 点、10 点才去？"

　　"我们早上 8 点就下班了，所以下班之前，要把这个事情做好。"

要知道，警察经常选择半夜去抓捕人，目的是什么？产生一种恐惧的气氛。深夜去抓人，人是最容易产生恐惧的，心里最脆弱，最容易害怕，因此最容易跟警察配合，而且半夜是他的家人感受到最大压力的时候，所以辩方挑战他这一点。

"你6点钟去逮捕，是非常不合理也违反你们守则的。"
"不同意。"

就这样，一直问下去。

"他的房子大概50平方米？"
"可能吧，我不肯定。"
"是两个房间，不大，同意吗？"
"同意。"
"他家里有什么人？"
"他有太太，有孩子，但是我没见到。"
"你怎么没见到？他们在里面哭。"

"我听不到。"（他多半说听不到，因为如果他说听到的话，就承认产生了对家人的压力，所以他说假话。）

"不大的一个屋子，有人在房间里面哭，有小孩子哭，你说你听不到？"

我们常想方设法问一些问题，要是证人答"是"，会令证供产生疑点；答"不是"，则显得他是在说假话，那就死定了。我们设计的问题，令他要么承认"做错"，要么显然就是在说假话。我们就一个一个问题进行盘问。

"被告人离开的时候，身上穿的什么衣服？"有警觉性的证人到了这里可能会察觉到有问题了。衣服都没有穿好，就把人家拉出去，产生的效果是怎么样？对被捕人肯定会产生一种压力，对他施加压力，不正好就是为了收集非法证据？所谓的"压力"可以是很多因素加起来的，不止用手铐把他铐住、打他那么简单的。整个过程显示警察用了一些非常不合理的行为，施加压力，对被告人造成一种要么就是恐惧，要么就是心理压力，要么就是打击他的意志，使他不敢抗拒。

我们向所代表的被告人拿取详细指示的目的，就是把这些很关键的东西都记录下来，在盘问涉嫌刑讯的证人的过程中显示出来。在陈词时便有了事实作支持。但是，要记着，在盘问证人的过程当中不必批评他们，例如说："让我告诉你，你这行为是完全没有道理的，这个是不文明的态度，这个是很野蛮的态度，这个是违法守则。"刑辩律师在整个盘问过程中，不要指责证人。批评的话不需要在交叉询问的时候说，尽量把事实弄清楚就可以了，留待最后的陈词再发表你对他们的批评。不然你对着证人批评，一是不适合，盘问的目的是弄清楚事实，不是用来批评证人；二是你要他回答你的问题还是跟你辩论呢？证人出庭只是为说出事实，不是来跟你做意见的交流，更不是接受批评，然后回去检讨。在庭审批评证人是没有意义的，这一点大家要弄清楚。恐怕很多时候律师在庭审中未有充分搞清楚我们的角色是什么。

因此，我们刚才说了很多次，交叉询问就是把整个辩方的环境描述出来，这才是所谓的事实清楚，证据充分。最后法庭接受不接受，是以后的事，至少诉讼律师应该有这种专业的能力，帮助法庭把整个事情了解透彻。对于非法证据排除由于时间所限我说得有点简单，但是相信大家一定程度上都明白我的意思，这个程序确实非常考验诉讼律师的专业能力。

互动环节：

1. **问**：我们知道香港没有检察官，像你们是外聘的检察官吗？

答：我们称为检控官。

问：那是我们内地的公诉人？

答：公诉或者检察院的人。

2. **问**：有没有当事人自己到法院去告一个人，然后追究他刑事责任的情况？

答：所谓"自诉"就是私人检控，占我们一年的检控数量可能0.1%都不到。因为私人检控所费资源太庞大了，反正如果公诉有成功的机会，一般都是公诉人去代表他检控。自己私人检控或者自诉的话，数量太少了。

3. **问**：汉语是否是官方语言？

答：（1）主要是英语和粤语。

语言方面，我们法庭使用中文越来越多，但是所谓的中文是粤语，没有普通话，因为谈到香港人的普通话的水准，别提了！香港这个城市里面人们听普通话是大多听得懂，说是能说一点点，能够很顺利地用在庭审方面还有很远的路吧。但是传统上我们庭审是用英语，粤语使用得越来越多，不过经常有一种做法，就是在证人作供的时候说粤语，律师允许用粤语跟他发问，但是跟法官的对话我们就说英语。陈词是英语，法官写的判词也是英语，用粤语是为了方便证人作供免却翻译，主导的法律语言还是英语。

（2）使用英语的原因。

当然还有一个现实的原因，普通法毕竟是一套以英语为主体的体系，而且我自己发现，到今天为止，中文还不能够充分表达普通法这套法系，无法把它全面表达出来。我们用中文写诗词非常好，但中文写法律其实不太容易。好多语言表达得不够精密，有很多字词，比如"合法"，大家以为合法很简单，但是用英语来说合法有三个表述的方式，三个词都有一些微妙的不同，一个叫 lawful，一个叫 legal，一个叫 legitimate。我都不知道怎么翻译，唯一就是"合法"，但是在普通法里面它的意思有很精密的区别。我想如果勉强要用中文来表述普通法，恐怕会失去了一些精妙的内容，是有这个危险的。

4. **问**：该如何应对不情愿出庭的证人的侮辱性回答？

答：在普通法的庭审当中，法官要作出判案，必须要听证据。如果证人采取一种不合作态度的话，法官根本没办法判案。如果证人在法庭里面采取这种态度的话，法官肯定会警告他的。如果证人拒绝回答问题，法官会毫不犹豫要求证人必须回答问题，除非法官认为这个问题不应当提出，法官没有禁止的问题，证人全都要回答，不然的话就是藐视法庭。你想一想，如果一个法庭说，我们是以事实为根据，以法律为准绳，却流于口号，怎么办？你要事实，那就要提出证据，证据来自证人，证人来到法庭不愿意回答，那你的证据从哪里来？就是这么简单的逻辑。如果他对律师采取一种不礼貌态度，就等于对法庭不礼貌，这个是法官的责任。所以我想关键不是在这些证人，而是在法官，看法官有没有扮演好主持正义审讯的任务。而且如果法官采取默认的态度，就等于纵容证人的这种态度，我觉得是非常不健康的。但是怎么样解决呢？我不知道，因为如果这样的话，大家肯定明白，律师会处于一种弱势的状态，怎么办？我想就要从制度入手了。

5. 问：张大律师是说关键在于法官对庭审的把控。在香港，这种情况法官会给证人什么样的惩罚？

答：警告他的行为可能构成藐视法庭。

问：如果证人再不回答会有什么后果？

答：不回答可能会坐牢，不是没有发生过。法官一般在警告他以后，暂时退庭让证人想一想，是不是真的拒绝合作。法官10分钟后回来，回来后证人仍然不回答，就算作藐视法庭。如果我是法官，认为你藐视法庭的话，为了避免使证人认为不公平，就转到另外一个法官去处理，然后我们的律政署或者检控部门就派出检察官，把这个事实跟另外那位法官陈述。你给另外那个法官好的解释，为什么不服从法官的命令。所以指控你的人不会同时是判你坐牢的人，应该给你一个自辩的机会。有没有这个情况？有，其实谈到这里，法官可以判一个证人去坐牢，但是不会很久，几天吧，已经足够使证人受到教训。

我们真的有发生过，法官当场就判一个陪审员坐14天牢（不是证人），因为迟到、打瞌睡、不专心听案，法官曾警告过他，不能再迟到，他还是迟到。法官马上就判他入狱14天。少了一个陪审员怎么办？也不用担心，七个人少了一个，还有六个，要是少了两三个，就不行了。陪审团制度是允许大多数的裁决，最好是一致，如果六位陪审员裁决罪成，还是大多数的决定，少了一个也不是太多，可以继续审案。如果缺了两三个的话，就要解散，要重审。

6. 问：开审陈词是否就是美国、日本的讼辩？

答：是一样的。

问：这个开场陈述基于双方讲的是案件理论，双方有不同的两个理论，在美国法学院是讲这个。实际上这个事实双方都认可，但是完全可以讲两个不同的故事，这两个故事的基础就是案件理论。香港控辩双方在对抗的时候是不是案件理论？

答：可以这样说，控方的理论，或者控方案情的基础同样是辩方案情的基础，可以这样理解。

问：后面讲到交叉询问，对证人的询问，公诉方首方询问，这是不是讲的直接询问？

答：公诉方首方询问就是先开始进行首次第一轮询问，即由控方开始进行的第一次。

问：他问的对象是谁？问的对象是自己一方还是？

答：是自己一方，即控方证人。控方没有权力要求询问被告人。

问：那我理解，他问自己一方的这个证人，您翻译成是首方询问，这个可能我们内地翻译一般叫直接询问，我觉得直接询问和交叉询问的区分就在于，直接询问问的是己方的证人，己方的证人是友好的，配合的。基于这样一个前提，律师问你自己证人的话，就不能问引导性问题，您刚才讲过，有几个"W"，where、when、how 等。后面讲到交叉询问，问的是对方证人，对方的证人是不友好的证人，自然而然是要用引导性问题，这样才能解决张律师讲到的不配合的问题，但通常来讲，对耍无赖真的没有办法。不按拳谱出招，但是只要你按拳谱出招的话，你受这个规则的约束，这种情况下，你不跟我配合的话，我只能用 yes 或 no 的问题来问。刚才我跟我们会长交流的时候，我说其实很简单，有一个电影叫克莱诺夫妇，前妻指控前夫对她非常不好。这个时候前夫的律师就问前妻："你老公没有打过你吧，对不对？""你老公没有骂过你吧，对不对？""他没有出过轨吧，没有劈过腿吧，他不打孩子吧，不骂孩子吧，他下班就回家对不对？挣钱给你花对不对?" 实际上我理解起来,你的翻译可能是香港的这个翻译,我知道在那个语境下,首方询问。但是我建议翻译成直接询问和交叉询问,交叉询问,我觉得翻译成交叉盘问比较好。因为直接询问是你自己一方的,对方的证人是不友好的,所以我们叫交叉盘问,我觉得这个可能翻译与理解起来是比较好的。其实它的区分就是这个证人的话友好不友好,配合不配合,明天在演练当中,您可以让各位律师充分地体验交叉询问的魅力。

7. 问:在香港审判的是不是陪审团?

答:高等法院有陪审团。

问:是不是交叉询问针对陪审团审判的比较多?

答:每一级法院的盘问方式全都是一样的,只是高等法院的原讼庭多了陪审团坐在那边听而已。

8. 问:是不是香港的出庭律师在开庭的时候都是脱稿?

答:都是。

9. 问:因为我想是这样,律师是说服的话,就像我们当老师一样,如果我在念教材,没有人愿意去听,但是一个老师在讲课的时候,跟大家有眼神的交流,有走动是比较好的。我个人认为在座的各位大律师什么时候我们能够做到,首先这个案子是真有争议,另外,我们的律师、检察官都是脱稿的,当然了,这个说服的对象一定要是外行人,正是因为他不了解法律,所以你要通过讲故事,让他跟着你走。如果你讲法言法语的话,他是听不懂的。但是有这样一个问题,他是上帝,如果你讲不懂的话,是你的问题,不是他的问题。我个人认为,韩国和日本的改革,完全颠覆了旧的这种审判制度,如果能够外行人审判的话,第一,这套东西是管用的,第二,我觉得这个对象变了,另外,在那种情况下,我们的律师有更大的余地。还有,我觉得中国的审判如果说出现很多问题，有刑讯逼供的因素，但是还有一个因素是偏见，因为我们刑事法官、检察官面对的被告人99.9%都是有罪的，在这种情况下，怎么能做得到无罪推定？我觉得是不可能的，我想我们很多教授都在讨论以审判为中心，我现在离开刑诉界很多年了，我可以负责任地讲，这样搞下去的话是没有出路的。你们作为很优秀的刑辩律师，一定要去呼吁，你们老说以审判为中心，要思考一下什么样的审判才是理想的审判，否则的话，是没有任何意义的。向各位刑辩律师致敬，因为刑辩是律师当中一个最伟大的事业，我就讲这么多，也是向这位老师进行请教。谢谢大家！我收获很多，多谢！

答：许教授对这个诉讼真的是一个专家，有非常深刻的学术的研究。有一点我需要补充，是这样的，也许我刚才讲得不够清楚。每一个证人都要接受控方、辩方的诘问，每一个证人都要。但控方为什么只能问这些开放性的问题呢？因为他是控方传召的证人，所以必须要问一些开放性的问题，允许他自己的证人把他的故事讲出来。所以控方传召自己的证人所讲那部分的故事，我们有一个词：chief，英文翻译就是主要、首要的意思，我翻译为首方或首次，控方传召他的证人，首先引导他，用开放性的问题让他讲出事实来。控方问完，轮到辩方的时候，我们就用交叉询问或者盘问去动摇他，所以每个证人都要面对控方首方询问，然后是辩方的交叉询问，每个证人都是这样。

控方传召他的证人，所谓友善的证人的意思就是说，他要举证，所有他传召的证人都是为了证明他的案情，每个都要用开放性的问题，一步一步把它陈述出来。我们就是动摇他们，这个规定就是这样。

10. **问**：我们在实务当中经常出现辩护人认为可能是无罪的，

但是当事人会愿意认罪，在香港对于这种情况辩护人怎么办？

答： 律师相信被告人无罪，但是被告人坚持认罪，我们该怎么办？好多年前我遇过这种情况，深入点一想，这情形其实并不简单。刚才我稍稍说过一点，我们作为一个律师，应该懂得用律师的思维，或者说，以律师的思维方式思考，而不是普通人的思考。我要求大家摆脱寻常普通人的思维方式，而是用律师的思维去思考。遇到一个人，我认为他应该是无罪的，但是他坚持要认罪，那他可能有个人特殊的原因，因为普通正常人是不想坐牢的吧。作为律师，我们不是从主观去判断他有罪还是无罪，不管什么首先要看证据。所以我们从来不会对一个被告人说："我觉得你有罪，你应该认罪，或者我觉得你无罪，你不应该认罪。"我们不会用这种语言或者这种表达方式；我们会说："按照我判断控方的证据，我认为很薄弱，控方要举证证明你有罪，是有困难的。"或者我会说："我看完控方的证据后，以我自己的判断，你应该有90%以上的机会会被定罪。"这是我们应该使用的思考、表达方式和所用的语言，按照我们对证据的分析，给出意见。当你对一个被告人说认为他无罪，你是什么意思？你的意思是你阅读完了所有的控方卷宗后，得出结论认为根本不足以指控他有罪，还是觉得证据完全是空白的，所以他是清白的，还是你看到证供有疑点，因此认为他无罪？要是他坚持认罪，他肯定会把他的原因告诉你，他总不能只说他想认罪，但是不告诉你理由，那不可能吧。

很多年前我遇到一个类似的情况，那是一宗很简单的案件，当时我代表法律援助，在裁判法院、基层法院代表一些案件。有一个妈妈被控告在超市偷东西，案情指她的手推车内有一些东西已付款，有一些没有付款的货品在里面，她推着手推车离开的时候，企图急步通过探测器，超市人员大喊"不要走不要走，还有一些东西没有付钱"，然后控告她企图偷东西。被告人和我见面的时候，表示准备认罪，"好的，你告诉我当时的情况。"按照专业责任我必须要问清楚，因为我有责任给她准备量刑求情，要求法庭减轻判罚。你们猜她居然跟我说了什么？她说自己当时没有想过要偷东西，当时她的小孩子不听话跑到外面，她看到小孩跑掉，怕他走到超市外面，于是匆忙间冲出去把孩子拉回来，没想到购物手推车内仍然有东西未付款，但是超市人员坚持说她未付钱、是偷东西，把她抓住然后报警，其实她没有想过要偷东西，而且也没有看清楚手推车里面有东西。我给她的意见是"如果这样，你没有意图去偷东西，为什么认罪？"她回答："我怕法庭，我的孩子要上幼儿园，我要去接他，如果这么长时间要受审的话，我家里的事情没有人做，所以我宁愿认罪。"我遇到的就是这种情况，我说不可以这样，为什么呢？有一条法治原则："法庭不能够接受一个人为了贪图方便省事而认罪"，被告人必须在案发时理解自己的行为和动机，及真心承认自己犯了罪，才能认罪。如果被告人只是贪图方便，因为不认罪太麻烦了，要开审，浪费时间，家里的事情没有人管理，孩子没有人照顾。请想一想，为了方便一点，容易一点，如果认罪只是为了不想太麻烦，这符不符合公义的原则？法律公义的基本原则是，如果有罪，应该受到惩罚，没有罪就不应该受惩罚。如果控方因为误会，或者他们也不知道你辩护的理由而控告你，可是你却为了方便的缘故而认罪，这并不符合公义原则，对作为律师的我来说可是为难的情况。

我劝说她不应该认罪，她哭哭啼啼说："律师，我想认罪。"我说如果你真的没想过偷东西，那么你真的不应该认罪，她说："我真的是不想偷东西，但是我想认罪。"怎么办？当时我的做法就是这样：到法庭里面，我站起来对法官说，我代表她，她这样告诉我她的情况，她准备认罪，但是她给我的指示令我相信她不应该认罪，她表示为了家里小孩子的原因而想认罪，我要求法庭不要接受她认罪。结果法官不接受她认罪。法庭说我们不能接受有含糊、带有灰色、不清楚、不确定的认罪。她在庭上仍然继续说："我认罪，但是其实我没有意图要偷东西。"那怎么算是认罪？按照普通法里的原则，法官听到我这样说的话，认为既然有疑点，基于法律公义，法庭不可能接受认罪。庭审诉讼程序固然麻烦，但是法庭不能为了方便，为了减免费时的麻烦就接受认罪，惩罚一个可能无辜的人，而且后果是你从此便会有犯罪记录。在庭审前，我跟她讨论了很久，很清楚她认罪的动机，我觉得她只是贪图方便，为了怕麻烦，她相信反正后果多半只是罚款，不严重嘛，宁愿认罪，可以早一点回家照顾孩子。她是为了方便。她究竟是不是真的有偷东西的动机，我也许永不会知道，但是基于她给了我明确的指示，如果她没有偷窃意图的话，我们只能把疑点归于费时的公义，不接受她承认控罪，这是我个人曾经有过的经验。

11. **问**：您能介绍一下律师在香港的介入时间和香港的律师在被告人被询问时有没有在场的权利吗？

答：香港律师介入一个案件，可以说从什么时候都可以，最早从被告人被警察抓捕、被调查的那一刻开始，律师就可以介入了。很关键的一点是，到案件要开审的时候，律师必须要先有足够的准备时间。总不能明天开始审讯，今天控方才把卷宗交给律师，这是不可思议的，法庭也不会接受。因为这对律师、对被告人都是不公平的，而且对法庭也是不公平的，因为法庭不能忍受一些准备不充分的律师跑来说，他是被告人的代表律师，刚收到卷宗。法官问："你准备好开审了吗？""没有，我昨天下午才拿到卷宗。""看完了没有？""没有看完。"法官说："如果卷宗都未看完的话，你怎么能协助法庭处理这个案件呢？""你作为律师根本不能保证自己有足够的准备，可以履行作为一个律师专业的责任去协助法庭。"

再举一个例子，香港大部分刑事案件都是得到法律援助的，比例占多少我没有统计过，我自己个人估算，应该不少于80%的刑事案件都是法律援助案件。不然的话，哪有那么多人有能力自费去聘请律师，所以法律援助是很重要的。因此，如果大家有机会，去看看香港各级的刑事法庭，裁判法院、区域法院、高等法院，有律师代表的，光是我自己看到的，应该不少于95%，也可能不少于98%的案件都有律师代表。除非是一些很简单的，比如不小心驾驶，被告人认罪，不牵扯到复杂的案情，因此例如交通案件等的就很少有律师代表。其他凡是稍微严重一点的，牵涉到有可能判入狱、缓刑、社会服务令的，都有律师代表，很少没有律师代表的。所有接受法律援助委托指示的律师，都在开审之前很早就收到警察或者控方送过来的卷宗。早到什么程度？我的印象，很少有少于3个月的，最少都有2~3个月，很少说没有时间去准备。准备包括什么？阅卷，还有会见被告人，跟他充分了解案情后开始审讯。律师准备的时间，加上和法庭还有控方的配合，很少听到有律师埋怨说没有足够时间。如果没有足够时间，责任在谁？肯定是控方，为什么你准备地那么晚？开审之前一两天才把这个文件送交给辩方去准备，律师哪有时间去准备？当然，也有发生的情况是被告人很晚才申请法律援助，因此延误了审讯。

12. **问**：我办过一个行贿受贿的案件，行贿人出庭，他说他在什么时间，什么地点，给我的被告人送了 20 万块钱，公诉人在前面已经做了直接询问，他的陈述就是在什么时间，开车到了交通局的办公楼下，然后打电话，这个局长下来，把车门打开，然后就走了。可是局长说这个人根本没去过他那个局，办公地点在哪里行贿人都不知道，这个楼也不认识。后来我就问他，你刚才说去过这个交通局，你能不能说一下交通局具体是一个什么样的位置，是什么样的楼？他说时间长记不清了，开始打马虎眼了。最后我问他，如果这个楼带你去看的话，你能不能认出来？我这时候拿两张照片出来，这两张有一张是交通局的办公楼，让他告诉我哪一个是。他几乎没有犹豫，选了一张，其实他认错了，另外一张是我拍的当地行政服务中心，两个楼风格迥异。我再想接着问的时候，公诉人就站起来反对，反对的原因是这两张图没有事先作为证据提交给法庭，是突袭。我本来还想问他停在什么地方呢，因为我知道在他行贿的那个时间，大楼门口是一个花坛，后来铲掉了。但是公诉人和法庭一致不让再问了，因为再问，肯定要出问题了，这个证人就没办法自圆其说了。这种情况下，如果在普通法的背景下，像我们这种突然的发问方式，允许不允许？是不是有突袭或者诱导性的成分？会怎么处理这个问题？谢谢。

答：大家都听到了盘问过程中发生的交锋，是吧？在普通法看来，两方都有错，辩方和控方都错，错在哪里呢？你提出那两帧照片的时候，首先：有没有证人举证，先让法庭建立一个证据基础确定哪一帧照片是对，哪一个是错？如果单凭辩护律师自己（在没有证人出庭确认该照片的可靠性的情况下）说："一号照片是对的，二号照片是错的！"马上出现的错误就是：辩方律师在庭审中马上摇身变成为证人了。我刚才说过，律师不能当证人，这做法等于律师自己说："我以证人身份向法庭证明：一号照片是对的，二号照片是错的。"这可是严重问题啊！律师有什么基础决定哪张照片是对、哪张是错？这是证据程序的问题。需要做的是，首先应该建立一个没有争议的事实，或者称我们跟控方协议，确定一号照片是对的，二号是错的，寻求双方同意。当控方同意了，辩方告知控方等一下我要这样问你的证人。双方有了协议后，法官一般都没有异议，只要是双方同意的事实（即照片的真假）。但是看来，这两帧不确定的图片，哪一个是那一栋楼，好像没有协商好，未有弄清楚吧。因此，这做法有问题。

13. 问：我补充一下，当然更好的方式是事先跟法庭和公诉人沟通一下，但是所有的人都知道，如果你把这两张照片告诉了公诉人，那这个证人的辨认肯定是 100% 准确的，因为他们事先会沟通的，那就没意义了。

答：退一步，也很容易解决，你先跟证人出示该等照片，以开放性的问题问他能否辨认或确认该等照片有没有显示出该栋建筑，如果他点了一个错的出来，一般来说，我们暂时按兵不动，不提异议，说："你认为是这张照片吗？肯定吗？好的，我现在就在庭上，在你提的这张照片上，做一个红色记号。"我们不指出他是否错误。他完成证供以后，传召另外一个证人，这位证人例如可能是在该地点工作的，熟悉该地点，请他来仔细看看该等照片，说明或指出哪一张是案中的办公的地方，是有记号的这个照片还是另一帧，就可以了。

刚才我说，这种交锋还存在几个问题：第一就是，如果证人说他开车到了那栋楼外面，把钱从车内交给车窗外那个官员，他拿走了。试想，如果我开车到了一栋楼，说实话我不一定能看得很清楚那栋楼是什么样子，是吗？大家明白我的意思吧？证人也许可以说得出那条路是什么名字，可以说得出路旁有些树，有公园等，但是，比如今天各位要求我辨认政法大学科研楼是什么样的，真的会有点困难。所以，如果证人只是看照片搞错了，是否真的便可以证明他的证供不可靠？也不一定。尤其证人当时在车里面的话，相信他很难把头伸到外面去看，仔细观察这栋大楼的建筑外貌，这个不太寻常吧。反而我觉得换了在我们的庭审来处理，要测试这证人是不是真的曾经去过那个地方，刚才我说过有一点，我现在说清楚点，就是在盘问中，把他逼到一个角落，令他没有退路，才把他处决掉。如果我们非常肯定他说的是假话，肯定他根本没有开车到那栋楼外边去移交 20 万现金。我会问他：

"证人，你是几年几月几日去的那个地方？"

"（他说出一个什么日期来）"

"几点钟？"

"（他说几点钟）"

"那些钱你是从哪里取来的？"

"从银行提的。"

"是哪一家银行？"

"中国银行（等等）。"

"哪个分行？"

"海淀区。"

"海淀区什么路？"

"……忘记了。"

"提款是哪天、时间？"

"当天。"

"为什么要去中国银行？"

"我有户口。"

"为什么去海淀分行提款？"

"在我家附近。"

"既然在你家附近，那为什么路的名字也忘记？"

"……"

"你提那么多钱的时候，有没有提款单或任何票据？"

这时，他可能手心额角已经冒汗。我们应该从这儿入手。

"后来你开车去那个地方，你怎么懂得去那个地方？"

"被告人曾经给了我一个地址。"

"你以前曾经去过那个地方吗？"

如果他是说假话，他就开始动摇了，因为你已经进入到细节里面。

"以前没有去过，那你怎么懂得去？"

"开导航。"

"你告诉我，从哪里开到哪里，沿途经过什么地方？"

他可能就动摇了。因为如果不知道海淀区，从没有去过的话，要他说出来，他可能东北西南都搞不清楚。如果他真的有去过的话，他会说得充满信心。

"到了那边，你开进那条路，那条路两旁有什么特色？""有公园吗？有树吗？"看他怎回答。证人可能对你这些问题非常害怕，因为你这样问他的时候，他心里想律师肯定是做过调查；可能律师曾看过，可能没看过，但是当你用这些话来试探他，他就知道充满了风险。有没有公园？有没有树木？他只能说不清楚、没注意，有没有一个政府部门办公大楼？不清楚，有没有一个什么很大的牌子？不清楚，什么都不清楚的话，他就越来越可疑。

我宁愿用这种方法测试他，因为最诚实的、说真话的证人，是最难动摇的，最不愿意说真话的证人最容易动摇。问题牵涉那么多的事实细节，等于律师手握很多弹药，准备的时候有很多细节武器，如果那条路是很多人熟悉的路，他居然说曾去过那边但很多细节都说不出来或推说没有看到的话，就非常非常可疑了。

最重要的还是我们向客户取得足够指示，或者调查的时候查得很清楚，考虑有什么事实细节证人应该看到（或看不到），举一个例子，现场对面有个外交部大楼，如果我问他"对面有一个什么政府的部门？"不知道，对面外交部大楼那么大，他居然说不知道，那你觉得他可靠吗？我们宁愿从他什么都说不知道入手，什么都说不清楚来动摇他。这方面如果控方要反对也更难。

我知道往往当另一方感觉他的证人面临困难的时候，就提出反对，这就像足球比赛，当一方抵挡不住对方强烈进攻时便使出拉衣服、伸脚绊对方等旁门伝俩阻拦人家的进攻。我想，这里也有制度问题因素，总而言之，你刚才说的盘问方式事例，在普通法角度来说，其实控辩两方面都有问题。

14. 问：我再补充一下，因为这个在内地非常普遍，这个行贿的证人，刚才这些细节当然是非常重要的，一般我们也会考虑款项的来源，行贿的时间、地点、在场的人物、场景，说的什么话，包括最终这个款的去向，都有一个交代，但是中国内地的证人就很简单。第一个款的来源，他是做生意的，后备厢就放着备用金，经常放十万二十万，你让他去兑银行，是兑不到的，他也不会提供哪一天在银行取的，而且行贿日期都不确定。现在检察院都聪明了，说是 2016 年 11 月份的一天，这已经算好的了，有的说是下半年的一天，有的连下半年都不说了，2016 年的一天，就这样起诉书都可以写了，模糊化处理，你再问他比如刚才这个路线问题，你去过一次对不对？去过一次；在哪个路你还记得吗？时间长，记不得了；怎么过去的还记得吗？记不得了。然后公诉人就开始帮腔了，记不得很正常，时间长了记不清，符合常理。但是有一点他记得，就是把钱给他，他拿走了，除此之外，都记不得了，没辙了。

答：关于你说正当证人作供时公诉人在旁边发表意见，其实在庭审中是非常不恰当的行为，因为这等于就是公诉人在证人作供过程当中给证人帮腔发表意见，直接支持协助他。我刚才说了，证人作供的时候，律师不应该发表意见，评论证人的证供正常不正常，这行为等同律师或公诉人在发表意见，发表意见应该留在最后。一方律师正在发问，另一方的公诉人在旁边任意开腔添加个人的意见，是非常不专业的行为，这违反我们的伦理操守。我觉得我们应该提倡一种庭审的伦理，证人作供时候就是证人作供，律师或公诉人发表意见该等待最后，"不记得很正常嘛！"这小常识我当然理解，谁不知道，时间久了忘记了很正常，但是这些意见需要待最后陈词来讲。可是另一方面，普通人的经验告诉我们，有一些事情凭你的记性再差总也是不会忘记的。例如，为什么你光记得付了钱给那个人，却忘了一皮箱的钞票从何而来？如果一个人选择性地记忆的话，那人就是不可靠的。大家当然比我更了解中国的现实情况：如果我是做生意的人，说我经常有很多钱放在我的车里，符合事实或常理吗？刚才我说，我们要预测不老实的证人，想想他会准备什么故事来抵挡我们的问题，我们且做一个预备。如果我们能够预见他可能回答的故事，又或者他临场给出这个回答，不等于我们拿他没有办法，怎么办？举例：

"你经常有很多钱放在车里，是吗？"

"是。"

"放在哪里？"

"我的车后厢里面。"

"一般放多少？"

"说不定，有时候 30 万、50 万、100 万都有。"

"放在一个什么地方？"

"一个袋子里。"

"每天你知道袋子里面的现款有多少、说的准吗？"

"我不知道，说不准。"

"那天你去的时候事先有点过那些数目吗？"

"没点过。"

"那你怎么知道是 20 万呢？为什么不是 50 万、200 万呢？为什么你知道是 20 万呢？"

那他就觉得有问题。

"证人，今天你带了钱包吗？"

"有啊！"

"你说得出这刻钱包内有多少钱吗？"

各位朋友，你们谁能准确说得出这一刻你的钱包里面有多少钱？一分钱都不多不少，我想你们都说不出吧？你可能知道你的钱包有几十块几百块，但是要准确到 365 元 5 毛，你能说得准吗？这个你说不准，怎么车里面有几十万，为什么你说得那么准确？说 20 万，怎么不是 2 万，不是 200 万？你有点过吗？

15. **问**：因为内地的银行都是 10 万块钱一捆，两捆，装两个牛皮袋，当然是 20 万，都是银行点好的。

答：这个要考验你们的智慧。我们别假定他当时必然是从银行提取出来的，也不要假定每家银行每次一捆 20 万是大家的共识，因此便不必再追问下去，就待证人自己说出来。"20 万不是小数目，你不会每天、一周五次，每次往银行提款 20、40 万吧？"他有小心点过吗？证人怎么知道拿起就是 20 万？"每次银行提取现款，都是 20 万吗？从哪个银行取的？什么用途？付什么款需要动辄几十万现金？"日常购物没有人会扛着 20 万现款到处买东西吧？当然有效的盘问，问的应该有目的有针对性，小心不要问漫无边际开放性问题，例如"你多久去银行一次？每次提多少钱？"证人不会感到压力，他可能说有时候多、有时候少，每次都超过很多万，平均是几万到几万，自己也说不准，10 万到 20 万、200 万都有。但可以测试他："那天你的车厢里面可能是 20 万，也可能是 100 万，有可能吗？能排除这个可能吗？"不能排除，"你能排除可能超过 80 万吗？"（但不要直接问他车内有多少钱，无论他给什么答案我们都会陷于被动）我不排除，"那么你有可能付了 80 万，而不是 20 万，有可能吗？"他可能思想回不过来，答说："有可能。噢！我真笨，对不起，我有可能付了 80 万。"结果出现两套证供，他的可靠性值得怀疑。

当然，按照这类型的案件，我估计有关的判决书可能在证人作供之前已经写好了。但是我只是用普通法的庭审技巧为例，以这方式去动摇他，令他说出不同的版本，好让法庭看到他的故事有几个版本，而控方荒谬地要求法庭选择他其中一套版本，这样，我们的法官肯定引导陪审团说，证人说出几个事实版本，控方证供是邀请你们选择相信其中一套，但是你们怎么可以随便相信一套版本，你只能说：既然摆在我们面前的是互相矛盾的事实版本，那么全部都可疑，可疑就什么都不要相信。在普通法审讯，最怕就是自己的证人说了两个或以上的故事版本，有时候是

20万，有时候是30万，那已经是疑点，有时候是人民币，有时候是美金，那就更有问题。

16. **问**：在香港非法口供有哪几种？刑讯逼供、威胁、欺骗、引诱，具体有哪几种可以认定为非法口供？

答：答案很简单，不能固定在若干种行为，如果具体定下来是自找麻烦。这个世界不停在变，现在我们进入一个科技的时代，如果有人发一条微信来威胁你，算不算是威胁？威胁有很多办法，间接威胁家人或朋友算不算？现在是科技的时代，一切事物每天都在变，所以把它具体固定为若干行为，写下来，其实很不恰当。最容易的办法，普通法的法官都会这样，就是用常识来考虑，正常人接收到这样的信息，听到这样的话语，看到这样的态度，被强加这种行为，会不会感受到压力、令他们违反自愿性地服从？使用这个指引原则比较容易，用正常人常识来说，这个会比具体分类方法更符合现实吧。所以更好的就是用常识来说，这种行为构成不构成不当的压力，或者不当的行为，对于这个被告人或接收这种信息的人来说，会削弱他的意志，令他产生恐惧的效果，这个更容易。我们用标准、用指引，而不是用分类。

问：就是概括性的。

答：可以这样说，概括性，有指导的原则。

17. **问**：张大律师您好，我是一名刑事辩护律师，有两个问题想向您请教，第一，内地的庭审模式，法官会提前看书面卷宗，全部的卷宗都会提前看。

答：民事是吗？

问：刑事和民事都是，所以说庭审就沦为形式化了，因为庭前的时候，法官已经把全部的证人证言、供述形成的书面书证、鉴定资料这些东西都看过了，已经先入为主，形成一个认定了。

　　第一个问题，香港的法官会提前看卷宗吗？因为刚才您说到检察官需要提前多长时间把卷宗公示给律师。

　　第二个问题，刚才您提到传闻证据排除，是所有涉及证人的内容可能涉嫌传闻证据的都给它排除，还是无法核实的才排除？比如有的案件会出现传闻证据的证人也在案中属于证人，他的传闻来源，比如张三听李四说什么什么情况，李四也属于这个案件的证人，他是一个传闻的来源。如果说有些案件存在张三和李四都是这个案件的证人，然后李四说他看到了什么什么，张三说他听李四说看到了什么什么，那么是需要核实一下这个来源的真实性，才排除这个传闻证据呢，还是直接只要是传闻就排除？

　　答：有关传闻证据方面，你问得非常深入了，因为时间关系，刚才我没有说清楚，但是我可以简单说一下。第一个问题，关于法官看卷宗的问题，简单来说，民事案件法官一定会看到卷宗，我们把整套审讯使用的卷宗都提早送交给法官，包括双方书面的陈词，例如开审的陈词，包括我们准备使用的案例，支持我们的理据，双方的文件都在审前送交给法官预先阅读。刑事案方面，原则是法官在开庭之前，只需要知道这个被告人的名字和控罪；例外的是高等法院有陪审团参与庭审，法官不负责定罪，法官负责庭审公平进行，所以高等法院刑事案件的法官会在审前收到控方的卷宗。因为他必须要预先了解案情，这有利于他主持庭审顺利进行。法官会阅读和处理文件，知道什么材料能给陪审团看，什么不能给，预先心中有一个大纲。总结起来就是：民事案件所有的卷宗法官全都有，双方律师的陈词全都有。刑事案件，基层法院，即裁判法院和区域法院的法官是不阅卷的，也没有卷宗供他们看，他们只需要知道控罪，开审的时候，听控方开审陈词，其他的不看。但是高等法院的法官由于有责任引导陪审团，他需要这些文件预早呈交给他以便阅看。

关于传闻证据。刚才我说原则上传闻证据要被排除，理由是它的内容是很难在庭审中加以核实的，因此不可靠。某个并非证人的人在外面说了什么，在法庭里面，我们无法核实这些道听途说的消息，这就是传闻证据不稳妥的地方，庭审中，我们不听传闻证供。但是有时候有一些传闻，我们听了也无妨，所以我们可以容许它进来。是什么呢？例如，如果有一些大家的对话，或者通信、电邮、微信，可以进来，因为那些东西内容跟案件有争议的、有待证实的一些议题无关，既然无伤大雅，那也无妨。举一个例子，证人作供的时候说了自己以前曾经跟某人对话，那人骂他证人的朋友如何如何愚蠢、如何如何办事无能。这样的对话引进审讯里面，并不是被引用来证明任何与案件有关的事实或议题，因为我们不需要知道某人的朋友是否愚蠢还是聪明，也不管这个人办事能干与否，我们不需要理会那些"数据"的真实性和可靠性，我们只当作有这么一个谈话事实存在便可，那次谈话只是一个事实，有过这个谈话事情发生过，而内容真实与否我们不必理会，因为它并不是要来证明跟案件有关的有争议的议题。这些"传闻"因此并不抵触证据法中不能采纳传闻证供的原则。就算在审讯中引入了，我们只把它看作有这么个谈话事实存在过而已。不知道大家能不能区分出这个分歧在哪里？因此，传闻证供，在外面跟人家的沟通内容，如果跟案件需要证实的一些议题，例如被告人有罪或无罪，真的有犯罪的行为或意图与否一点都牵不上关系，而只是证明有这样的对话事实发生过，存在过，那这么一点证供是没有影响的。

传闻证据，还记得在法学院的时候，大家搞了很久才能把它完全弄清楚，传闻证据是比较麻烦的一个范围。但是总的来说，基本的原则是，传闻就是一些庭外谈话或消息的内容，证人要是自己没有对该内容有个人第一手的认知，而只是纯粹听回来的一些事情，它的缺点是第一该等数据难以核实，第二它的内容虽然有可能跟案件一些相关的议题有关，但是由于它不能被核实，若是采纳了便不稳妥了，于是按照证据法就干脆把它排除掉，道理就在这里。今天，证据法中的传闻证据原则已经有了很大发展了，现在有些原本属传闻证据的都得以豁免，包括依据既定程序制定的传闻数据，例如银行记录、医疗记录或任何正式的数据库等很多本质上是传闻的证据，今天都以立法方式确立了它的可采纳性。

刚才的问题还有提到，例如张三和李四都是同一个审讯案中的证人，那么他们可否互相转述另一人可能曾经说过的话，例如李四作供说他经历过或者曾经看到一些状况，张三作供说他听过李四说他经历过或看过一些状况，因为反正他们出庭作供时我们可以分别询问他们二人以作核实。我曾说过，庭审询问与质证，什么问题可以问，什么不可以问，都受到证据法的规范。回答这问题较理想的方法是逐一举出许多案例，各代表一些重要的原则，来加以说明，我们会更容易理解。可惜时间关系，而证据法是一个相当庞大的系统，因此，容许我这刻暂时只举一个事例，以一个特殊原则来解释。例如，刑法涉及性犯罪、涉及女性受害者时，往往出现一些复杂情况，例如女性受害人在遭受性侵犯后许久、甚至时隔许多年后才作出投诉，她的可信程度便有可能被严重质疑，是吗？证据法有一个原则是，投诉（或报案）时间和案发的时间愈接近，英文是"recent complaint"，投诉人的可靠性相对较高。当然，如果受害女性只有 10 岁的话，我们可以理解她为何等到 20 岁那年才作投诉。但如果一个成年女性声称受到性侵犯后经过许多年才投诉，那便很不同了。回到刚才的问题，如果李四是一位声称受到性侵犯的女受害者，事发后两小时，她向一位朋友张三投诉（哭诉?）说被嫌疑人侵犯了。庭审中，李四除了供述自己如何被嫌疑人侵犯，她可能还说了事发当天后来见到朋友名叫张三，她把事情告诉了张三。张三随后在庭审以证人身份供称李四当天确曾告知他曾被嫌疑人性侵犯，张三当然没有目睹事情经过，他只是把从李四听来的"说话"告知法庭，他的证供是否属于可排除的传闻证供? 答案是张三的证供的价值并非在于它的内容是否真实，即李四是否曾遭嫌疑人性侵犯，而是证明李四在案发后不久便作出投诉，作出"recent complaint"，这是张三的证供的价值所在。如果案发时，李四只有 10 岁，张三是 13 岁，案件审讯时李四已经 20 岁，我们马上便更理解这两个证人的证供的重要性。按照这原则，李四和张三的证供并不违反传闻证供的限制。时间所限，抱歉便暂时容我只以一个原则事例回答这问题。

18. **问**：交叉询问这种技能需要一种什么样的训练? 在这方面可以给我们这些年轻律师一些建议吗?

答：我们都经过了长时间磨炼，我们观察了很多，最重要就是用头脑，要思考，要多观察。我们要有缜密的心思考虑事情，看事情要看得很细很细。普通法的律师长期生活在这种庭审文化环境内，每个人都在受磨炼。普通法这种讼辩文化环境，要求严谨思考，对事实细节有执着不轻易放过的态度，长期下来，要学习发现对手的思考有不符逻辑的地方，或有悖常理，我们必须马上看得出。我觉得普通法其实并不复杂，强调常识与讲逻辑而已，我今天说了多次，讨论什么事情表达什么观点，背后都应该要有支持它的原因。不论表达什么道理，要求自己总要给出一个有可信性的、合理的原因，我们习惯这种思考方式。

04 香港法庭询问的规则

各位朋友，大家好！作为一个普通法律师，一个法律人，你认为刑辩的价值在哪里呢？我觉得从我们的角度看，刑辩的一个重要的价值是"反腐"，不过防止的不是贪污腐败，而是一个制度的败坏。大家看看这个世界，如果一个地方的刑法和刑辩律师地位高，活跃性很高，发挥的作用也大的话，你想那会是什么社会？我们可以肯定地说是对公民的权利、对人权的保障最好的社会。那些社会并不是一些所谓的保障犯罪者的社会：刑辩不会鼓励犯罪，反之，完善的刑辩实现的是真正公平、保障人权、彰显正义的社会。大家可以看到无数的事实就是这样。谈普通法的经验，几百年的发展，无论是诉讼的技巧，证据法的技巧，还是刑法的法规，都是通过刑辩推动发展出来的。因为证据法、刑事诉讼法都是通过无数的案例经过很长时间的实践摸索出来的，所以我们今天是走出第一步。刚才吴老师说这个项目是面向未来的，我觉得非常好。虽然目前大家都有很多自己面临的困难，大抵都是法庭证人不出庭，我们没什么机会去盘问证人，没机会让律师充分发言等等，但是我相信这些问题在未来都会逐步有效地解决。

各位朋友，短时间内我只能在一些重要的方面，跟大家分享我的经验。

一、庭审的作用

首先从比较广一点的、比较宏观的视野去看我们怎么样看待诉讼的技巧。从一个最原始的点去思考，我们为什么要庭审？庭审的作用是什么？我想大家可能说，庭审的目的就是找出真相。这说法没有错，但是不止找出事实真相。其实庭审考验律师的能力还有一点，就是要通过律师的能力，去测试和断定证人的可靠性。我想大家要明白。庭审的这两个功能，对事实要有深入的了解。但是不要迷信，以为庭审就可以找出完全的真相。从第一天接触庭审，我们的老师、师傅就告诉我们："在庭审中也许你永远都找不出真相，庭审最大的功能是裁定证人的可信性。"我认同这句话。

庭审令我们的理解更接近事实的真相。是"接近"，不是到达真相。普通法的法官在判案、作裁决的时候，不会说这个证人的说法"事实清楚，证据充分"。按照我的经验，事实永远都不大清楚，证据往往都不大充分。第一，普通法的法官会说，我接纳这个证人的说法，因为他的说法更接近真实。第二，他会裁定某一个证人是一个诚实的证人，他是一个可靠的证人，他说真话。但是要小心，说真话、诚实，不等于他把真相说出来，因为每个人的眼光看的事情都不同。

比如我们现在10多位朋友一起走到外面，半个小时后回来，请你们每个人告诉我们你在外面看到什么。我假定每个朋友都是诚实的证人，但是我可以肯定你们将会说出十七、十八个以上的版本。因为每个人看事情都不同，所以诚实的证人不等于把事实的真相说出来。但是通过非常有效的、利用很有技巧的询问，可以从他的口中得到最多的真相。所以庭审的作用就是令我们越来越接近真相。而且通过这个过程，裁定什么证人可靠，谁不可靠。不可靠，我们就排除他，不要接纳他的证供。这方面就需要律师，尤其是诉讼律师的技巧，看他们怎么样有效地发问。

二、学会提问

从我们当学徒的时候，我们的师傅就一直教我们一点，"你们可以什么都不懂，但是你们绝对不能不懂一样本领，就是问问题"，这可是我们终生受用的指导思想。我们每个人都是有限的，不可能知道一切答案，但是我们必须要懂得问问题。我们有一项原则：如果你懂得一个问题的答案，表明你有知识，有学问；但是如果你懂得问很好的问题的话，证明你是一个懂思考的人。这是两个不同的层面，懂得答案是你有知识，懂得问问题证明你有头脑。所以懂得问问题的律师，尤其是懂得问好的问题，说明他有头脑。人的天资，或者聪明不聪明，来自父母，但头脑是后天的训练。后天的训练是什么？通过专业的训练磨炼我们的能力。

三、法庭礼仪

谈到审判的功能，有些情况必须要注重，不知道大家有没有注意到，首先是我们的仪表。请允许我谈一谈在庭审方面有哪些很基本的礼仪，礼貌，态度。这也是重要的，为什么呢？大家想一想，你问普通老百姓，问他们什么是法律？什么是法律他们是不懂的，但你问他们什么是法院，他们懂，因为法院是具体的东西，一栋大楼，有庭审。在民众心里，法院就是法律的具体化身，所以法院的形象和法律人员的表现影响民众对法律的观感。千万不要低估它的影响，如果民众对法院产生尊敬感，等于民众对法律有尊敬感，这是第一。第二，法院当然是公开的，老百姓可以看到，参与具体的运作。所以在法庭里面，各位的行为表现、讲话态度都会影响公众的观感。你形象不好的话，尽管你讲的内容很好，思想很丰富，很有道理，但是老百姓眼中，他就不相信你。形象不好，他们心里怎么能产生尊敬、信任呢？所以，在庭审当中，法律人员的礼仪、礼貌、态度是重要的。

普通法庭审过程中，法官讲话、发言，都有一套礼仪。我们跟对手对话的时候，也有一些礼仪必须要遵守。很简单来说，我们称呼对手为"my learned friend"，但不懂得怎么翻译这些英文。在庭审当中，我们称呼对手为朋友，但是多加一个词，中文翻译就是"我有学问的朋友"。我们把对手称为"我有学养的朋友"，但是中文翻译起来比较不习惯，因而称为"朋友"也是可以的。

我们对法官的称呼也有不同，在内地可能是审判长。一般中文我们称法官为阁下。英文就丰富了，我们对不同级别法院的法官有不同的称呼。法庭里面，我们对法官讲话时都是站着的。不过不要两个人同时站着，一个人讲话，另外一个就要坐下来。我们对法官讲话，使用有礼貌的语言，都是需要慢慢学习的。

我觉得礼貌是双方面的。可能大家会埋怨，有时候对方或者法官对我们没有礼貌，但是他是法官，我们必须要表现我们专业的能力。不管他怎么样，我们都要保证自己讲话时声音得体、态度冷静、谦卑。在讲道理的时候，你可以跟他据理力争，但必须是讲道理。法庭不是吵架的地方，而是讲道理的地方。

四、证据制度

诉讼过程当中极为关键的就是证据法，这方面我想内地仍在发展。我们在法庭里面发言及如何问问题，是受到非常严格的证据法有关证据规则的限制的，有些在证据法里面规定不许问的问题、不许提交的证据，在法庭上就不能问。举一个例子，传闻证据。什么叫传闻？例如我不能问一个证人："证人你跟某一个人见面的时候，他告诉了你什么？你跟他说了什么？"不能这样问，因为他跟人家谈话的时候，那个人不在法庭，他也不是证人。他们两个在庭外的对话内容不能当成事实来看待，所以你不能把他通过另外一些传闻听到的东西引进来。

另一方面，普通法律师跟客户的沟通，无论谈话还是通信，都是保密的，不许在庭审中拿出来。你永远不能问一个被告人或者一个证人：你是怎么样跟你的律师讲述案情的？你的律师告诉了你什么？这些问题在我们来看是不可思议的。我是律师，我跟我的客户沟通谈话，我给他们什么法律意见，他把他的心里话告诉我，这些沟通内容涉及专业保密，应该受到保护。如果查案人员通过什么方式得到我沟通的内容，比如我的电邮，我的电话信息，我的录音，我的通信，哪怕是公安人员取得这种沟通的内容，他都不能在庭审中拿出来，因为这是保密的。我们称之为庭审不许采纳的证据，不许庭审中呈堂采纳的材料。

我们在问问题过程中，经常受到证据法的限制，所以不是任何问题都能随意问的。我们有一套比较完整的证据法，规范着我们怎么问问题。往后这方面我们可以多研讨。

还有另外一个争议较大的，比如文件证据。任何文件的本质都是传闻。你随便拿到一个会计报告、银行账单，一些商业文件，或者个人通信，所有这些都是文件的证据。一个医疗报告、法医的报告，都是传闻的证据。传闻证据如何处理呢？有一些非常严格的规定，绝不是只要我有这个文件，拿出来，它的内容就被当成事实一样得以采纳。怎么样使用这些证据，需要律师去思考，决定在庭审过程中怎么样提交这些证据。

五、案情基础

我在简介里面提到一点，就是案情的基础，这是律师在发问前须准备的事情。大家都是非常有经验的律师，都明白一个道理，就在准备一个案件，到上庭之前，我们肯定在心里对案情已有了一个大概的了解。控方指控我的客户，我的被告人，理据在哪里？事实在哪里？在这方面如果我准备不认罪，要抗辩的话，我的理据在哪里？我必须要把控辩双方同意和不同意的地方弄得很清楚；对辩方而言，要把我们的案情、事实、抗辩理据弄得很清楚。这个我们称为案情的基础。

如果大家对这方面还需要一些补充的话，我要回到普通法的历史传统来，让大家再看一看。大家首先想一想，为什么要打官司？为什么需要有诉讼？肯定是因为有争议。控方说你有罪，你说你没有罪，有争议，需要庭审。如果我们是法官，或者是一个合议庭，或者一个裁判小组，我们是中立的。香港也有陪审团，他们是中立的。作为裁判人，他最想知道什么？第一，他最想知道每一方的说法。简单来说，每一方的说法必须要得以充分陈述；第二，他最想知道诉讼双方对事实是否同意。同意的话，他可以不必作出裁决，因为他知道已经有定论了。不同意的地方，你把它列出来，让他知道。所以我想，作为一个诉讼律师，你必须对能够同意或不能够同意的议题有一个清晰的概念，然后在庭审当中，把不同意的地方都列出来，告诉法庭，请他做一个裁决。

假如我是检控方，我当然知道有争议的议题在哪里。如果我是检控人员，我肯定想让证人亲口说出对控方有利的、符合及支持控方的证据，针对这些有争议的议题，提出有支持性的证据。至于被告人方面，肯定也想动摇这些对他不利的证据和证人，动摇他们，令他们不可信，最好令他们改变原来证词的版本，改为支持被告方。最后，在这些有争议的议题面前，陪审团或者法官说，有争议的问题可能支持控方的比较多，但是证人也说得不够清楚，所以这里有疑点。这是他们的思想方式。有一些疑点不重要，其他方面我们觉得没有疑点，就这样一条一条去裁决。这个就是案情基础的重要之处，我们必须要在准备的过程当中，把有争议的和没有争议的逐点弄清楚。我们心里也应该知道哪一个证人对这些有争议的议题会说一些什么话，这样我们在庭上站起来发问的时候，就知道该问什么、不该问什么。当然，简单来说，该问一些有争议的，动摇他，明知道动摇不了的地方最好不要碰。我们须知道什么可以碰，什么不该碰。有了对案情的概念，我们才知道怎样运用战术。我曾简单谈到每个案件都作开审的陈词，即普通法无论刑事、民事，控方或者原告开始的时候，都把案情简单陈述一遍，让法庭有一个大概的概念，了解该案件性质。

六、控方发问程序

开审陈词，我暂时不谈。我想接下来两点对我们今天来说是比较重要的，首先是我们称为控方的发问。普通法传召证人的过程跟内地有点区别。我们打一个比喻：足球比赛有上半场、下半场，跟我们的庭审差不多，上半场是控方举证，下半场是辩方，完了以后球赛便结束，举证就结束了。我们只有上、下半场比赛。上半场的比赛，由检控方传召他的证人，举证责任在控方，证明控罪。简单来说，如果我是检控方，我传召我的控方证人——到庭作供。检控官让证人先作供，称为首次的作供，又称直接询问；接着是辩护律师向证人交叉询问，或盘问。

有一点是极为重要的，关系到审讯公平的问题：检控方引导控方证人作供的时候，所引导的内容绝对不能超过证人供词的内容范围。这个很重要，为什么呢？你想一想，如果我是被告人，我收到控方所有的文件，供词、证词，我肯定把这个当成控方依赖的所有证据，用以证明被告有罪。作为辩方，要攻击的对象就是这个范围内的事实证据，但是来到庭审阶段，控方突然引出多两倍、三倍、四倍的新证据来指控被告人有罪，对辩方来说公平吗？当然不公平。这个我们称为"突袭"（ambush），即杀辩方一个措手不及，是不公平的行为。控方检控被告人，必须要让被告有充足的时间准备，研究控方的材料，到开审时候，控方就这么多的材料，披露那么多就使用那么多。当公诉人引导控方证人作供的时候，就只能在这个范围里面，不然如果他问了一些超过证人供词内容的话，辩方律师将有什么反应？辩方律师肯定反对。如果公诉人开始问问题，一、二、三、四，本来我们以为只有一到十这个范围，可是从十以后他继续问十一、十二的时候，被告的律师肯定站起来跟法官说："现在我们听到一些我们从来没有听到的证据，我们感到非常惊讶。如果控方想传召这些新的证据，可以，但是请公诉人先把这些新的证据给我一份供词，让我准备好，才好引用这些新证据。"那等于要求暂停，结果是审讯一定要暂停，因为辩方没有研读过，更未准备好这些从未披露的新证据。这才是公平审讯。

对我们来说，这是非常严格的程序原则。虽然法官席前没有这份证人的供词，他不知道也不需要知道、也不应该知道证人供词内容，但是如果听到辩方这种反对的话，他肯定会问检控方：

"检控大律师，辩方这样说是不是对的？是不是你现在引导一些他从来不知道的证据？"控方肯定要承认，因为律师不会无缘无故提出这个反对。当公诉人答说"是"；法官说："你现在引导一些新的证据，公平吗？""对不起，我收回这个问题。"公诉人只能这样回答。所以庭审中辩方律师必须要非常小心，要专注，总有一些检控人员不按游戏规则办事，中途突然引进一些新的证据来，你必须要马上反对。如果你忘了反对的话，是你的错，因为这样等于"不反对"，新证言就变成了证据的一部分，你以后反对也太晚了。所以辩方律师的警觉性必须要非常非常高。

控方引导证人作供，问问题的时候，有一个非常重要的原则，就是只能问开放性的问题，不能问引导性的问题，内地叫诱导性问题，这个等一下我肯定要花一些时间来分析。恐怕今天在这里什么叫诱导性问题，或引导性问题，大家还没弄清楚。我多次表示我不喜欢诱导性问题这个说法，因为它带有贬义，我更愿意用引导性的问题。庭审规定不能问引导性问题，我觉得这个限制是莫名其妙的，在我们看来，这是对庭审询问制度的误解，是错误的。如果不能问引导性的问题，我们还怎么可能有一个有效的、有意义的审讯呢？结果只会使整个庭审发问都变得没有意义。我想我的同僚包括普通法地区的法律人都有这个共识：如果不能问引导性的问题，审讯根本不可能有意义。

在检控方询问他的控方证人的过程中，一般只能问开放性的问题。能不能问引导性的问题？可以，前提是那必须是没有争议的事实，或者是被告人同意的事实，不然的话，控方不能问。为什么呢？因为审讯的目的是要把有争议的事情拿出来让法庭裁断，控方要是问引导性的问题，就等于假定该等有争议的事实或议题是没有争议的，或者是直接或间接协助证人作供，那不是扭曲了作供的意义吗?

控方只能问一些大家都同意的问题,比如该案事故发生在3月5日早上,大家对时间地点都没有争议,因为当时的确发生了该事故,所以公诉人可以使用引导性问题:"证人,3月5日早上发生了一个什么的事实,当时你在场,是不是?"这是引导性的问题,可以问,因为双方没有争议。"然后你看到了一宗什么事故,对吗?"公诉人仍然可以这样提问,但是要注意,他的引导性问题快要碰到有争议的事实了,公诉人肯定不能问:"是不是你看到被告人打这个受害人呢?"被告人有没有打受害人是有争议及有待裁决的事情,因此不能以引导性问题来问他有没有看到被告人打受害人,而应该使用开放性问题:"你当时在哪里?""我当时站在什么什么地方。""当时你有没有注意到有任何事故?""有,有人打斗。""你看到打斗的时候,你距离有多远?""大概有15米。""当时你看得清楚不清楚?""很清楚。""光线怎样?""很明亮。""在你面前有没有什么阻挡你的视野的东西?""没有。""请你告诉我,你看到什么?""我看到有一个人打另外一个人。""打人的人是谁?""打人的是一个男的。"好了,可能这个人是被告人,可能不是被告人。如果被告人的身份你认错了,你抓错人了,打人的不是这个被告人,就是他的身份有争议,那公诉人要小心。他必须要请证人描述打人的人是一个什么人,"男的还是女的?""男的。""几岁?""50多岁。"可能本案的被告人是20多岁。20多岁跟50多岁差很远吧?"他有多高?""我想他应该有一米七左右吧,可能被告人是一米八。""被人打的是谁?""一个女人。""男的当时做了什么?"证人便开始讲述男的怎么抓这个女的头发,推她,慢慢描述出来。但是他的身份还有争议,所以公诉人不能够在庭上指着被告人说:"证人,请你看看坐在那里的被告人，是不是他？"这样一来，你想这个证人有选择吗？"好像是……""是还是不是？"公诉人在向证人施压力了，这是极严重的不公平问题。本来证人不太认得被告人，他心里在打鼓，不知道是不是，好像是。"请确实回答是不是？""是。"于是控方把本来有疑点的证言，强迫证人当成真实的来确认，这个就是控方问引导性问题的危险。向证人施加压力，把证人原来有缺陷的证供，原来并不是那么完好的证据，扭曲成为确实的证据，毛病就在这里。

控方引导他所传召的证人作供时，不许问引导性的问题。大家可能会问，什么叫引导性的问题？我知道内地法院有某些证据的规定，说不许问诱导性问题。我再说明一次，我不喜欢这个表描述："诱导性"。我们是用引导性问题。我觉得这个限制是不合理的。不许问引导性问题，只能令这个审讯找不出事实，变得没有意义。下面我会再解释这个观点。

首先是庭审的目的。我们要协助法庭知道诉讼双方的争议在哪里。简单来说，有争议的时候，即双方都有自己的事实版本，控方有他的版本一，辩方有他的版本二，你必须要把版本一、版本二拿出来，让法庭（或者加上陪审团）去考虑，去评估，决定更相信哪一方的版本。如果另一方不能问引导性问题，法庭怎么知道版本二是什么。如果控方举证使用引导性问题，等于让控方证人有机会去"改善"，去纠正，或者修正自己证据里面的缺陷，这是非常不公平的。换到辩方的律师询问控方证人，则绝对有使用引导性问题来询问的权利，而且也绝对需要使用引导性问题，不然的话，他怎么能把自己的案情有效地陈述出来？

七、交叉询问程序

下面谈到交叉询问，香港庭审称盘问。在交叉询问过程当中，我们经常问引导性问题。我们必须要知道，交叉询问有一些技巧。首先，辩方尽量不会允许控方证人（即己方的"敌人"）重复他刚才已经讲过的话，因为重复同一番话就等于令他显得越来越可信。其次，以前师傅教我们一项技巧，尤其是面对陪审团的时候，必须尽量令证人作供头 10 分钟、15 分钟或更长时间，或者开头 10 条、20 条问题，每个问题都要回答"是"或者"不是"，"同意"或"不同意"，令他只能给你一个这样简单直接的答案。为达到这个目的，你必须要问引导性问题。

比如刚才那个案件，证人说他看到有男的打一个女人，他距离他们 15 米、20 米。我们律师准备案件的时候，必须要对这个犯案现场了解得很清楚。我心里有基本理解，那是一个公开的地方，中间有一条马路，他说 15 米、20 米，其实是马路对面的意思，我们先心里清楚了。庭审中，辩方律师盘问证人：

"证人，你说当时距离有 15 米、20 米，是吗？"

"是。"

"当时你是站在什么什么路的一面是吗？"

"是。"

"你说的 15 米就是距离路的另外一面是吗？"

"是。"

（**注意**：他的答案全都是"是"。）

"当时是早上 9 点钟，是不是？"

"是。"

"据了解，当时 9 点钟是交通非常繁忙的时候，是吗？"

"是。"

"在看到打斗时，你观察过程差不多有一分多钟，是吗？"

"是。"

"一分多钟中间，至少有三四十部车在你面前经过吗？"

"可能是，没有算过。"

"过程当中有时候前面有交通灯，所以车停在你面前是吗？"

"是。"

"一分多钟的时间，你真正能够观察的不到一分钟，是吗？"

"不到。"

"我估计应该有一分多钟的 1/3 是吗？"

"差不多吧。"

交叉询问的成效是把他一分多钟的观察变成一分钟的 1/3。再者，当时有很多车经过，构成什么情况？他的观察不一定那么清楚。

你要令他回答问题的时候，给的都是短的答案，问与答都非常清楚，没有含糊。效果是什么呢？我说过，令整个审判过程，法庭听懂这些问题与答案，普通人自然感觉好像电影片段在脑中出现一样那么清楚。你看，这是一条路，在早上繁忙时间，有车辆经过，前面有交通灯，车辆可能停在你前面，像电影一样。对于一个普通人来说，他是能够了解得很清楚的。如果令法官或者陪审团脑中产生一种电影感的话，他们对过程事实的认知就非常实在，这是第一。第二，比如我们在这里有一个拼图，你需要100 块碎片放在正确的位置，才能拼出一幅很完整的图像。假定案件开审的时候，那个图像不清楚，作为一个律师，你的功能是什么？简单来说，就是你问一个问题，从你的口中拿到一块答案碎片，把碎片放在一个合适位置。再问下一个问题，证人再给出一个答案，我同样再放到另外一个位置。如果大家玩过这种有很多碎片的拼图游戏，你能够找到 50%、60% 这些碎片的话，这个图像组成一个卡通人物还是一座城堡，或者黄山胜境，差不多就已经看出来了。

这就是我们所说的有效的询问。通过问题从证人口中逐一拿到你要的证供小块，证人只能一片一片给你，但是我们要的是准确的小块，我不要配不上对、形状大小不适当的，所以我们问的问题必须要很准确。这就涉及技巧的问题。

在过程当中，总会碰到一种情况：当你成功得到你想要的证供时，心里当然很高兴，但高兴过度，再继续问，画蛇添足，重复已经问过的问题，可能就糟糕了。因为证人下一个答案可能自我修正，否定前面说过的你认为最好的答案，那你就前功尽弃了。经常提醒自己，已拿到手的成果，停下来，不要再重复检视。

我好像还没有跟大家说清楚什么叫引导性问题。简单来说，引导性问题就是答案已经包含在问题里面的问题。如果你问一个证人："你是不是看到这个被告人打这个受害人呢？"答案已经包含在里面了。"这个被告人就是你看到的人，你没看错吧？""没看错。""被害人就是这位坐在法庭里面的，是吗？"一连串的引导性问题可能还包括打人的过程。控方已经把答案通过问题交给证人，让他确认一个一个包含了答案的问题，这就是引导性问题。引导性问题，辩方在交叉询问中可以问，控方不可以问，因为辩方的目的是要动摇证人的可靠性。比如证人供称离开 15 米、20 米的距离，看到有一个男的打一个女的。辩方首先要建立一个场面：我不争议路面宽度有 15～20 米，但是由于路上的交通情况，证人当时可能看得不是那么清楚。第二，当时有没有打架都有疑问，可能只是争吵，他们二人的动作比较大。但是离开这么远，证人的视线受到妨碍，可能看起来好像打架，但其实没有打架。所以我会进一步问证人："你看到那个男人的手碰到那个女的吗?""我看到他举手，我相信他是往她身体打下去。"其实他只是作出推测，没有说事实。所以他说男的打那个女的，可能他只是见到举手，做出要攻击一个女的这个姿势，而他"相信"他是打她，在庭上就说是他打，其实他只是"认为"他有打，却没有真正看到。所以我们要建立的是，可能证人作供只是说出他的意见，不是事实。我们需要通过盘问，把他的疑点、他的漏洞都展示出来。

05 香港的专家证人规则

专家证人作供，在普通法里面是一个特殊的问题。

一、专家证人和普通证人的区别

专家证人跟普通公民证人的区别在哪里？最关键的一点，普通的证人，包括公民、警察，包括官方人员，他们作供一般都是只能讲事实，但是专家证人能讲意见。所以"事实"与"意见"二者必须要区别开来，专家证人给予意见证据，必须要在他的知识范围里面。

庭审里面各方各面的专家都有。根据我自己个人的经验，医生、工程、建筑方面的很多。印象特别深刻的就是航空方面的专家。航空有很多方面，有飞机的结构、工程、航空管理控制、建筑设计，还有大家都听过的所谓黑盒，飞机的记录器，黑匣子专家。这些都是我们曾经遇过的专家证人。

二、专家证人的资格

专家证人需要符合什么资格呢？没有指定一定有什么学历，有什么学位，有什么专业的资格才行，但是一般来说，如果具有哪一方面某一种学历资格，当然是专家身份的好证明。最重要的条件就是专家必须是独立的。当然我们可以请政府一方的专家来当证人，此时，他的身份应该是一个独立的专家，给出独立的证据。我们说的独立就是指专家应该跟诉讼任何一方没有个人的利益关系，诉讼案件的结果并不影响他。这就是独立的意思。

另外，专家最重要的责任是对法庭负责，而不是对聘请他来当专家的那一方负责。他对法庭负有最高的责任，必须具备中立的态度。在庭审前，如果某一方或双方需要专家证人的话，这位或两位受委托的专家一般必须先行写好一份专家报告。报告必须双方互相交换，即是说双方必须要预先得到专家报告。为什么呢？因为一方准备传召专家证人支持己方的理据，对方也有权传召他的专家证人来反驳，所以他必须要预先知道你的专家准备说什么。然后他就询问他那一方的专家，准备他的报告来反驳你，最后变成两方都应该有他的专家出庭。当然，一方看到对方的专家报告后可以放弃，不传召他的专家，那是他放弃他的权利。换言之，在案件庭审中传召专家证人，往往变成了专家与专家之间的竞赛。

举一个例子，一个民事案件，发生了严重的医疗事故，病人或者病人的家属要控告医院疏忽。一般来说，这个病人当然首先要询问他自己的医生专家，找出这个医院的错误在哪里，确定是疏忽。他的专家指出医院发生了什么错，然后草拟报告，交给被告医院方面，被告医院也会提出他的专家来反驳，最后由法庭裁定这个医疗事故有关的医院方需要不需要负责任。诉讼过程往往就是两个专家之间的角力。

对于律师来说，凡是碰到有专家要作供的案件，都是极大的考验。我是律师，证人是专家。每当传召（例如）一个医疗专家，对某一个医疗的议题作供或评论，另一方的专家也会出庭反驳或回应。作为律师，我怎么样去主导作供的询问过程，这可不是一个简单的考验。

在这里请大家注意，法庭从来不随便假定专家讲的就是真理。科学永远都没有百分之百准确的，永远都会牵涉到意见或判断的问题，比如医学，没有一个医生认为医学是百分百准确的科学。总有一些灰色的地带，有争议的地带，所以专家讲的不等于真理。

三、法庭如何采纳专家证人的证供

然则法庭是怎么样去听，并采纳专家证供的呢？当然，法官不是医生，不是工程师，不是航空的专家，也不是某个科学方面的专家。法官听取两方专家的报告、专家在庭上的陈述，听了双方律师在有争议的科学方面对专家证人的盘问，听了辩论、厘清事实。假定双方专家的意见都是互相冲突的，法官采用的原则是考虑及裁定哪一个专家说的比较合理，哪一种分析更具说服力，哪一个更符合常识，哪一个更符合一般我们能理解的道理。

普通法的法官，像昨天说过的，在做裁决的时候不会说我觉得专家 A 说的对，专家 B 说的不对。现实的世界永远都不是黑白分明的。很多情况下，虽然他们对同一个议题的意见互相冲突，但是他们其实说起来都各有道理。这个时候就要法官去裁定他更愿意采纳谁。请大家注意，普通法法官不会说下列话："我认为某一个专家说的完全是对的，所以我接受他，另外一个专家说的是不对的，是完全错的，没有理由的，我拒绝他的证据。"法官不会这样说的。法官只会分析两方面专家的意见，他通常不会说谁一定对，谁一定错，他会说某一个专家讲得比较有道理，道理在哪，他觉得更有说服性，因此他更愿意采纳这个专家的意见。法官不会说另外一方一定是错的。在庭审当中，我们接受一个专家的意见，往往并不是由于一个是对，另一个是错，一个是黑，一个是白。法官采纳其中一位专家的话，他的标准是认定一位分析得比较有道理，讲得更有说服力。

四、律师如何对待专家证人的证供

诉讼律师怎样处理专家证人的证据，会采用什么样的技巧呢？以我几年前曾经处理过的一宗案件来解释吧。该案双方每方出动了两个专家，总共有四个。那个案件审了一周多吧，总共有四个医生专家出庭作供。

那个案件我用了很多时间去准备。首先我认为，世界上没有人学不懂的学问，问题是你愿意不愿意用心去研究它。这也是我们教法律学生和徒弟的道理。当然我们不是医生，但是医学并不是那么难懂，而且我们并不是整个系统都要学习。那个案件涉及心脏病的问题。我查看一些书、一些材料，小心研究那几位医生专家的报告。我跟我方的专家开会研究，发觉医学其实也并不难懂。大家别遇上专家就害怕。反正是科学，科学是凡是有足够智力的人都能学得懂的东西。

我们收到专家报告，首先要认真研究，确保自己了解它。如果你未透彻了解的话，在庭审中便不知道怎么样发言，不知道怎么样问问题，不知道怎么样表达意见。最严重的就是最后陈词的时候不知道该怎么对法官做陈述。所以，哪怕是专家的报告书，我们都要有一种态度，要把它研究透彻。研究完我方的报告，要研究对方的报告。大家也不要以为凡是专家，就一定有百分之百的忠诚度，百分之百说实话。不是。我们常发现专家的报告书也有不尽不实之处。

以我准备的案件为例，对方其中一位专家的报告书部分段落分明带有误导性。我方两位专家，一位是心脏科专家，另一个是呼吸道科专家。对方出庭的两位都是心脏科专家。我小心研究对方的专家报告。报告书内容经常会加上不少备注一、备注二、备注三等等。专家解释一个观点，然后加上一个备注，例如引用某文献或著作作支持，然后说明另一个观点，写一个备注，附上及引用文件二作支持，例如医学案例或医学权威文献论述等在后面。对方一位专家在报告中论述说：关于本案这个医学议题，外国已经有研究，有某些医学的个案是这样这样处理的，及得出什么结论等等。

然后，他摘录和附上了很多医学刊物材料。他的报告不到十页，但是后面附上很多医学刊物参考材料，包括多宗医疗个案的研究报告。如果一个普通人看到这些东西的话，可能就会吓一跳。首先，医疗专家的报告已经不是我们普通人能够容易应付的范围，他后面还有很多医疗个案研究。我们非专业的怎么看得懂？我告诉大家，不要怕。对手最想利用你怕，就希望你不敢看，那你就看漏了很多东西，他们便可以轻易过关。

我当时很耐心地处理那个案件，一段一段去看专家报告，包括他附上作参考材料的备注一，文件一，备注二，文件二，逐一研究，居然慢慢发现他有问题。什么问题？比如报告书第四段，他说关于这种呼吸毛病，外国已经有病例研究，得到什么什么结论，他所引用的研究与结论当然是支持他报告内的观点。然后他加注了备注四，我就翻阅附上的文件四，怎料，所谓文件四是一份来自欧洲瑞士的医疗杂志里面以英文写的一个病例个案，但是我发现那个病例个案谈的并不是我们案件涉及的呼吸道、心脏问题。他的报告的第四段所引文件四的附件，是另外的和本案不相干的病理研究，跟本案一点关系都没有。表面看来他是在引述能支持他的权威医学研究，表面上看起来以为他每一个论据都有个案支持，深入看却是跟本案无关的材料。看来他只是希望我们不看或者不敢看这些材料，这样他就可以过关。

到了庭审的时候，我怎么处理呢？除了问他一般性的问题，除了要求他解释他的论点，以我方的论点去反驳他，我还要攻击这位专家的可信性。昨天我跟大家谈过，法庭往往不是找出真相的地方；庭审的一个重要作用就是裁定证人的可靠性、真实性、诚实度。面对一个专家证人，大家当然期望他作为一个有威望的行内的专家，能够诚实作供。但是那一定能实现吗？不一定。

我问他：“你在报告书第四段谈到这个观点，是吧？”他答："是。"然后我把他的报告书第四段的意思跟他再确认一遍，确保我的理解没错，他答说我的理解没错。然后我说："我看到你的备注四，附上文件四，我估计这是要支持你第四段的观点，是吗？"他答说"是。"在这过程中，我的问题全都是引导性的。我继续说："刚才我说出你这个这个意思，我的理解对吗？""是"。我再多加一句："我认为你肯定不会找一个跟报告书第四段这个观点无关的一个医学案例来支持你，是吗？""不会不会。""确定吗？""确定。""医生，现在我们一起看看附录四那个案例是什么，请打开来。"然后，我在法庭里面慢慢读出来。不用把它阅读到尾，读出重点就可以了，内容当然是跟本案不相干的病例。然后我告诉他："医生，这是一个瑞士的医学案例。你引述的这个案例，和刚才谈到的心脏和呼吸道完全没有关系，同意吗？""是。""这个病例研究跟你的观点无关，是吗？""是。"他非常尴尬。"那么，你报告书内的论点就没有支持了？"他不知道怎么回答，最后只能说"是"。我说："如果你第四段没有支持的话，你还能够坚持第四段的观点吗？"他说："我不能。""医生，既然没有支持，我们建议把报告书第四段删掉，你同意吗？"他只能同意。我们在庭上包括法官就公开用笔划掉他的专家报告书第四段。除了第四段，第七段、第九段也有同样的情况，结果把第七段、第九段也删掉。试想一个医学报告或者专家的报告，内容论述间应该很有科学的连贯性和逻辑性，一步一步，一环扣一环，论述才能完整。这位专家的证词居然在盘问当中被我们删掉了几段，他整个的逻辑架构就已经崩裂了，最后我说："你既然同意删掉第四、第七、第九段，请问你，你还能坚持你最后的结论意见吗？"他只能说不能坚持。

那个案件的第一位医疗专家最后这样被处理掉。然而更严重的是，第二位专家也有问题，两个医生都被我发现有这些不大"诚实"的证言。第二位医生专家是这样：大家都理解高血压，血压有上压与下压之分。在这个案件庭审里，我们出现了一个讨论议题：血压究竟上升到多高的水平人还可以生存？比如一个正常的人，他的血压正常上压平均是 120 多至 130 多，下压是 70、80 或 90 左右。按照医学来说，血压上压到了 150、160，已经达到一个血压很高的水平。在该案庭审中，你猜这位医生专家说了什么？我问他："一个人上压到了 150、160，已经是高血压了，你同意吗？"他居然说："那倒不一定。"我们平常以为是常识的东西，一个专家居然在庭上说 150、160 不算太高，还说更高都可以！如果一个普通的没有准备的律师，你肯定就愣在那里，不知道怎么跟他争论。我说"怎么可能不是？"他竟然答说："250 都可以"。

我当时吓了一跳，幸好我的专家也坐在我后面，他写了一个纸条交上来，我一看就明白了。他说如果一个病人在医院的医疗手术室里面，在医疗人员的监视控制下，可以使用医疗技术，包括药物，人为地把病人的血压提得很高很高，到了一个水平，当发现他已经有危险时，再把它降下来。在医学上面是有可能把一个人的血压人为地升高到250，然后降下来，但是这个程序必须要有医疗人员监控，因为病人生命面临极大风险。如果平常人的血压到了250的话，当天肯定不可能活着走出法庭的。好了，那我知道这个情况了，知道他作误导陈述，我已经有准备。我对这个证人怎么样发问呢？"医生，当然这里面涉及复杂的医疗程序，简单说，在医疗室里面是否有名为'Tilt Table Test'的一个程序？""是。""在医疗人员监控之下，病人的血压可以被人为地提高，是不是？""是。""提高到很高都可以，但是他的生命也就会面临危险，是不是？""是。""到了这个水平，医疗人员马上把它降下来，是不是？"他肯定要回答说"是"。我说："医生，刚才你说血压达到250都可以，你不是指一个人走在外面的路上，血压可以达到250，仍然可以大摇大摆，可以坐地铁，开车，是吗？""那不是。"我说："你为什么不说清楚血压250是另外一个非常特殊的环境下的情况？"这位专家非常尴尬。对于法官来说，觉得这个专家根本在误导法庭。正常人是根本不可能维持血压250的，这是常识，除非在这个特殊临床医学程序下才可以。

我没有这方面的专业学问，我不懂医学，但是我说过，绝不能不懂得问问题。大家遇到专家证人，可以通过努力研究，找出他的弱点去攻击他，尤其是当你发现他有误导的情况下。最后这个官司我们赢了，因为法官不相信那两个专家。在这方面，还是同一句话，我们诉讼律师还是可以通过努力、通过研究，对专家进行很有效的、很有成果的盘问。

06 张耀良大律师"交叉询问的方法与技巧"培训点评片段

点评一：香港证人出庭的制度

大律师经常要在没有准备的情况下讲话，今天没有准备的讲话是我遇到的最大难度的讲话，张老师刚才说得已经很精彩了，我做了一些笔记，有几点，谈谈我们的经验。

在实际处理案件的时候，我们经常会碰到一些证据。刚才谈到一些例子，比如有一个被告人，他说他的唇是冻伤的，控方的证据证明是被咬伤的，然后法庭发现当天根本没有寒流，所以他的说法不能成立。我不知道他之所以被定罪，是因为法庭相信公诉人能证明咬伤，还是因为冻伤被否定。这两个意义是不同的。我想香港的普通法跟美国的普通法基本原则都是一样的，举证的责任在控方，尽管被告人的说法可能完全被否定，但是不等于他有罪。重要的还是控方的证据能不能在毫无合理疑点的情况下，证明他有罪。所以最重要的不是由于否定了被告人声称他冻伤这个辩护的理由才把他定罪，而是这位女性作出投诉，声称被侵犯，她的指控证据是不是可靠的，这个才重要，这是第一点。

刚才我们有很多时间去讨论普通法的辩论。就证人目睹事发经过，看得清楚不清楚这一点，我想说明证人的重要性：检控的责任在检察院或者检控方，他决定传召什么证人。检控方必须作出专业判断，考虑这些证据好不好。如果我是代表检控方的公诉人，我的责任包括决定要不要传召一个证人，我不会不经思考便随便把一个证人传召到法庭，让辩方的律师通过盘问把他"收拾"掉。我肯定会先做一个决定，考虑他的证供好不好，案发时他看得清楚不清楚。怎么决定呢？看调查过程中，警察给他写的笔录供词，看内容写得好不好。有足够水平的警察，他在写这些卷宗时，包括在调查过程中，肯定会查询现场的路人：你看到什么？你看到的时间有多长？你看得清楚不清楚？如果在调查过程中，证人表示他看了一秒钟，也许不到一秒钟，他就算写了供词，我想公诉人一般也不会轻率地使用。检控方有责任将这些供词披露给辩方，但是他会告诉辩方：虽然我方有这些供词，但是不准备使用，因为目击的这些证人看不清楚。对于辩方的律师来说，至少我代表我自己说，没有交过这么好的运气，有证人让我在庭上轻易摧毁他。一般的证人都是坚称自己看得很清楚，即使他说的全是假话，作供讲话也好像用宇宙的真理般语气来回答我。

关于证人出庭这方面，就香港的制度来说，控方的证人在出庭之前，控方一般都会在法庭申请我们称为证人传票的东西，有法庭的签署盖章，警察会送达他，告诉他几年几月几日几点钟你要到庭。如果证人不出庭的话，就是藐视法庭，因为他违背了传票的命令。刚才我们看到那图像，你看到那辆货车，那车是蓝色还是什么颜色。这里有一个重要的，我想律师必须要做的专业判断。审理案件有一个议题，我们审理所有的案件都有很多很多议题在里面需要处理，尤其是有争议的议题。货车的颜色是不是议题？如果这是抢劫行为，有歹徒开了货车去抢劫，然后把东西搬到货车上面开走，也许他们开的这辆的车的颜色是一个议题，因为辩方挑战的就是你认错，歹徒并不是这些人，他们用的不是这辆车。但是往往即使车的颜色弄错，也不等于这些证人的证供不可靠。车是蓝色或黑色其实不重要，最重要的是歹徒用车去抢劫这个事实发生了，因为当时可能是晚上，蓝色、黑色、红色其实真的分不清楚，最重要的是有没有抢劫、有没有使用货车抢劫，这个才重要。我们不必纠缠在这个车的颜色上面，但也不等于不能问。为什么呢？目的是要动摇证人的可靠性。他说看到20个现象，我说他全都看错了，他的证据不可靠，然后我一点点来动摇他，测试他是否说得出车的颜色，车的大小，是哪一种型号，看到车牌吗，看到型号吗，有多大，那些歹徒穿什么衣服，一条问题一条问题去测试他们的可靠性。颜色虽然不是最重要的证据，但是用来测试证人的可靠性，也许是有用的。盘问的时候，律师必须要牢牢记住你处理的议题是什么。这一点对我们来说极为关键，如果交叉询问过程中这个议题都搞不清楚，法官就没有耐性，他觉得你在浪费时间。

昨天我谈到，大家别太重视美国的法庭电影、电视剧或者香港的电影。演员们站起来慷慨激昂地表演，只是为了增加戏剧感。在我的日常经验里面，每一个人跟法官讲话的时候，或者盘问证人的时候，律师都是站着的。另外一方律师坐着，我们不能两个人同时跟法官讲话，一个人站起来，另外一个就得坐下来。如果我的对手需要发言，要打断我，他会站起来。如果他站起来，一般我都尊重他，先坐下听他说什么。他站起来这个动作已经是在表示反对。他站起来说："我的朋友这样说不公平，因为他的问题根本是邀请证人去推测他不可能知道的事情，或者问他的知识范围以外的东西。"刚才有一点很对，你可以反对，但是必须要给一个理由，不能够只扯高嗓门、使用激烈的语言。我把这称为语言暴力，是在恐吓你的对手。法庭应该是讲理由、讲道理的地方，我想这也算是一种理由，是一种专业行为守则。你可以提出你的意见，不管赞成或反对，但是必须给出一个理由。

点评二：非法证据排除的标准

"毒树之果"或"毒树果实"，我了解它的意思，可是我们不使用这个词。法庭在裁决及排除非法证据，或是排除用了不公平的手段取得的证供或嫌疑人的招供时，主要是看嫌疑人的招供是不是自愿的，这是最重要的。但是这也马上引起另外一个很现实的问题：怎么样的压力，才达到这个标准？我们已经多年没怎么听过警察对被逮捕人使用严重的暴力。最近更多听到的投诉是警察使用语言恐吓，或者使用压力，比如说如果嫌疑人不承认，警察就逮捕他全家，或者去他家里搜查，去公司搜查，或者他不承认，就不给取保等这种所谓语言的压力。这些行为容易允许被逮捕人或嫌疑人在庭审时有一些空间提出反对，指控侦查人员非法取证。表面小小的行为，比如警察说一些不客气的话，嫌疑人就说警察恐吓他。我们的法庭也不是用"一刀切"的方式，哪怕小小不当的行为马上就排除，不是那么容易。

这经常引起好多的争议。如果警察使用了严重暴力，被告人的证词当然会被排除。但是如果用上语言的诱供，或者压力，会不会造成不自愿的情况呢？法庭就要衡量，如果法庭发现真的有所谓说话语言方面的压力，那就要考虑一个原则：会不会导致审讯不公平。如果法庭觉得虽然警察这种行为构成对嫌疑人不当的压力，但是对审讯的公平没有造成坏的影响，法庭还是可以行使酌情权决定是否排除。法庭还是有很大的裁量权力、还有很多空间可以去考虑的，因为现实有太多变化，每个案件都要个别去考虑。

点评三：刑事诉讼的准备工作

各位朋友，下面我谈的是刑事诉讼的准备工作。多年来我自己有一种关于庭前准备的指导思想，民事、刑事都是这样的。这个指导思想我把它称为从后"返回"往前去的思考。什么是从后返回的思考呢？假定现在已经到了庭审最后阶段，我想象我现在已经站在法官、站在陪审团面前做最后陈词，要求法庭，要求陪审团相信我们的故事，相信我们的辩解。如果我现在已经开始作这个陈词的话，我就知道我该怎么准备。我肯定是希望陪审团，希望法庭相信我们一，相信我们二，相信我们三，相信我们四、五、六、七，每一点的论据，我都希望法庭接受我们。如果我们有这种心理准备或者这种思考的话，我们就知道在实际过程当中该怎么准备得更好，以方便在最后陈词的时候，拿到足够的理据来支持我们的说法和辩解。这是一个指导思想，是包括我及很多我的同僚多年来都使用的，我也希望可以拿出来跟大家分享。

然后，就是庭审前准备。首先，律师开始准备工作时，有的只是书面的材料，我们要确保我们拿到所有跟审讯有关的控方材料。其次，我们必须要非常清晰地了解所有的控方证人说了什么，因此我们的阅卷过程是非常重要的，而且必须要看得很小心很小心，所有的细节都要小心。西方有一句话，"魔鬼在细节里"，可能大家都很熟悉了。其实我们的工作里面，往往胜负就系于一点点的细节，赢输就是一点点，我们有过很多这方面的经验。

我们阅卷以后，必须跟当事人、我们所代表的嫌疑人坐下来，一点一点谈每一个证人的证据说什么，而且最重要的是听取他的意见。我说过不止一次：律师不是证人，我们只能按照我们从当事人那里得到的指示来办事，我们不能创造一些东西出来，更不能伪造一些东西出来。所以我们处理一个案件的每一步，除了考虑控方提供给我们的证据，就是根据客户提供给我们的指示。每个证人在他们的证词里面说了什么，我们必须要跟当事人一点一点去谈，问他同意不同意，同意的时候，当然我会做一个记录，有不同意的，不同意在哪里，我肯定也会做详细的笔记。这个很重要。为什么呢？以后在庭上当我跟这个证人面见对质的时候，要盘问他们的时候，我总不能无中生有，创造一些问题来问他。我必须按照我代表的客户给我的指示去问这证人。如果我们的客户没有清楚地告诉我同意或不同意什么事实的话，那我们在交叉询问的时候就等于没有基础。我们自己都弄不清楚是同意还是不同意证人的证词，那怎么样问？

当然，有一点要小心。坦白说，我从来不会不假思索、百分之百地相信我所代表的被告人。我不是说他们都说假话，但是他们有时候说的话可能有违常理，有时候说一些只是他们主观相信的话，缺乏基础。我们还需要使用自己作为律师的头脑和判断，运用我们的逻辑、我们的思维、我们的分析，最重要的是用我们的常识去过滤客户的话，因为他们给我们的指示总不免有不符合常理的地方，不能假定他们说黑就一定是黑，说白就一定是白，说灰就是灰。听了他们的指示，我们也要用自己的理性思维进行过滤，审讯中什么能问，什么不能问，有需要时要坦白告诉他："如果在庭上我代表你把这种说法讲出来的话，你跟我都会像傻子一样，因为没有人会相信。"我必须在跟客户见面的时候，把准备的方案弄得很清楚，让客户把他的说法一点一点告诉我，告诉我是否同意控方证人的说法。我需要清楚告知他我不保证无论他给我什么数据我都会不加思考地讲出来。当然，对自己的客户我们不应摆出否定、负面的态度，否则他们可能会埋怨连自己的律师都不相信他们，这哪里还有公平的审讯？我们该用点说话的技巧。我们应该说："不是我相信不相信你的问题，是陪审团或者法官没有人会相信这样的说法，别以为我们讲什么，人家都自动相信什么。"

今天我跟一些朋友聊天的时候，提到一点，就是我们经常会遇到被告人问我们："律师请你告诉我，我在庭上该怎么说才比较好一点？"请各位牢牢记住这个原则：律师永远永远不要教导（教唆！）被告人如何在庭上作供，教他们该说什么话，千万不要这样做。他们总以为律师比他们更聪明，因此请你教他们怎么说。请谨记，我们只能跟他们说："你在庭上只有一个原则，说真话、说实话就行了。"我们永不教他如何说话，为什么呢？第一，这是不折不扣的妨碍司法公正。伪造证据是非常严重的罪行，无论在内地还是在香港，都是非常严重的刑事犯罪行为。第二，在庭上，无论是公诉人还是辩护律师，都是很有经验的诉讼人，他们对于如何盘问证人都很有经验，都熟练掌握有关的技巧，他们会从不同的角度，用不同的问题去测试一个证人的可靠性。无论你以为被告人多么聪明，辩才如何高超，如果你以为能够抵挡得住公诉人的猛烈盘问，你就错了。被告人在受到盘问的压力下，出了矛盾以后，也就是所谓的"露馅"了，他很可能会这样说："因为我的律师教导我这样说！"这样律师就死定了！所以，我们绝不会让被告人在法庭说这样的话。当我和我的委托律师一起跟客户开会时，我们都会做笔记，作详细的笔录，律师的助手也会协助。虽然我们通常不会录音，但是我们有笔录证据证明，我们从来不会教他们如何作供，我们只会让他们自己讲他们知道和相信的事实。

刑事案件审讯，被告人可以保持沉默，完全可以选择不作供。如果我觉得这个被告人根本不适宜作供，因为恐怕他在庭审中作供会暴露对自己不利的弱点，我会建议他不要作供。虽然作供是他的权利，他可以选择作供，也可以选择不作供，但是我会告诉他，保护自己最好的方法就是不要讲话。这些都是庭前部署的战略，我们需要做准备、需要充分考虑。这不是容易的决定，可以说是很困难的决定，但是我们必须要在庭前做好充分的思考和部署。

点评四：询问证人之前的准备工作

首先我必须要知道我想从证人的口中得到什么，这个很重要。并不是讲话越多越好，有时候对于一些证人，你不问他问题，或者问很少的问题，更会显示出你的自信心和你的谨慎。举一个例子：控方有五个证人，而这五个证人当中，第一个通常是最重要的。二、三、四、五，可能是查案人员。第一个控方证人的证供往往是最关键的，在证实这个犯罪事实方面是最关键的证人，我们也往往跟他有最多的分歧，所以我们询问他的时间可能是最长的，内容也是最详细的；另外的证人如果我们认为作用不大，便不必问太多无谓的东西了。该问什么，嫌疑人不同意证人哪里，我们牢牢记住，通常作完备笔录，写下来，对不同意的地方进行质证，跟证人弄清楚。接着，向他指出我们的版本："证人，我向你指出，其实事实不是这样，事实应该是这样才对，你同意吗？"把我的版本向他逐点指出来，他可能同意全部，可能同意部分，也可能完全不同意，但我要不厌其烦地向他指出来。对于一个证人，我们要搞清楚他的证供关键在哪里，我们跟他的分歧在哪里，把我的版本向他逐一指出来。

点评五：交叉询问证人模拟演练的点评

（1）各位朋友，"讼辩人"英文叫"advocate"。英文里有一个词叫"魔鬼讼辩人"（devil advocate），专门扮演魔鬼的角色，即歹角。不久前我有一个朋友写了一本书，他说他想找一些朋友，专门指出他这本书写得不好的地方，他要求别说他的书有多好，光是说他的书哪里不够好便行了。他想让我当他的魔鬼讼辩人，给他指出不好的地方。各位朋友，允许我今天担任你们的模拟交叉询问演练的魔鬼讼辩人。我下面说的话，说完以后，可能你们心里不舒服，但是，且让我暂时扮演魔鬼角色，好吧？

刚才各位的模拟演练发问好不好？基本上还可以吧，但是都是花拳绣腿，没有战术，没有战略，没有宏观，尤其是代表辩方方面的那些问题，允许我说，不达标！因为你们对于整个案件最重要的议题，好像还没有弄清楚。等一下我会说什么议题。作为一个辩方律师，对于证人，你心里必须牢记：一是你不同意他什么地方，二是你想让他同意你什么地方。刚才被告的律师问的问题好像只是要证人重复他在供词里面已经说过的话，但是证人话说了一遍已经好了，你干吗让他再演练一次？刚好这个证人表演得比所有人都出色，那就糟糕了，变成了你放开了他，你给予他宇宙那么大的空间去发挥。我们有一句话：庭审中的讼辩人，或大律师，必须能"压"得住、控制住证人，不要反过来让证人牵着你走。刚才没有人能压得住这个证人，因为这个证人太厉害了，他的水平太高了。当然，一个原因还是你们没有战术，没有战略，好像不清楚你究竟想从这个证人口中得到什么，和展示你不同意他什么。

其实这个案件在我看来，一个最重要的议题就是证人案发时在现场观察得好不好，英文是 "identification"，声称目击案发经过的证人究竟看得清楚不清楚。第一，如果你把整个案卷都看过了，你便知道这个被告人王小光，他有一套说法，他说 "我没有打他（死者），我只是推开他"，而且这个 "推" 只是由于死者卡住他的脖子后，他推开死者，他根本没有打死者。后来公安逼着他承认打了死者，死者的老婆也老说被告人狠狠地打了她老公一拳。这个就是我们最有争议的地方，我们的说法是 "证人，你看错了，你看的不对，你当时从你的角度根本看不清楚"。案情最大的争议点就是 "identification"（观察），但是好像没有人注意到这关键一点，所以战术上、重点上没有聚焦，这是很致命的。第二，这个证人说了很多次被告人打了她老公一拳，但是没有人质疑她的证言，好像 "你既然这样说，我就接受呗！"，哪有那么容易？如果这样的话，我们根本就不需要盘问这个证人了！因为你让她这样自由发挥，只有让她把控方的案情说得越来越巩固。你拿捏不到被告人跟她最大分歧点在什么地方。第三，你不知道你要逼着她同意你什么地方。这种宏观战术，大家好像完全没有这方面的概念！

控方引导证供也不太理想。第一组的公诉人问一个问题："你看得清楚吗？" 回答："看得清楚。" 试想，你问证人看得清楚吗？证人当然说看得清楚了。可是，被告方面好像没怎么质疑证人看得清楚不清楚，就好像自动接受了证人看到的都是真相，说的都是真理，有那么简单吗？请牢记一点：在关键事实上如果你不对证人进行盘问，等于你同意他的说词，你不反对了。如果你小心看了所有的材料，可不简单啊！这些材料有什么？我这里有两册本子，还有照片，有一帧绘图，有一部车在中间，有一些大棚，有一些房子，我不知道是不是刚才说了很多次的那个办公室。其实到现在为止，我仍不清楚证人说他在办公室里面跟孩子玩，然后跑出来看到打架等过程，具体过程是怎样？办公室在哪里大家都没有搞清楚，而且她跑出来的时候，离打架的现场有多远都没有搞清楚，是五米还是 50 米，还是 500 米？离开得很远吗？还是近？如果距离是 100 米，她仍然说她看得很清楚，那她的可靠性不是很可疑吗？她也说当时有很多人在附近，如果有很多人，视线有受阻吗？她还能看得清楚吗？有多少人？5 个还是 15 个，还是 30 个？如果人那么乱的话，你能看得清楚吗？当时有一个问题，就是问证人"你观察的时间有多长？"，这个证人非常聪明，说："很乱"，"反正很长很长，我不清楚"。其实如果你在这方面用一点心思与技巧，要是我们心里有一个底，有一个基础，你可以想象到：这个证人是大毛即死者的老婆，她看到老公跟人打架，看的时间一定不可能太长。为什么呢？她是老婆，看到老公跟人打架，难道她会像看人家擂台上比武打拳一样观看三分钟拳来脚往，欣赏完五回合之后才上前去制止吗？按常理，估计她一秒钟之内已经赶紧跑上前去阻止他们了。我估计证人看到现场打架的时间是很短的，绝对不会长，这是我对常理的推测。律师不可避免要对案情自行作合理判断，先有了合理判断，我们才懂得怎么问。但是好像在这方面没有人问。为什么这个观察时间长短那么关键呢？因为观察的时间越长，她的观察越清楚、越可靠、全面，如果她观察的时间只有半秒或不到一秒，她不可能看得很清楚。

　　刚才有一个问题更有趣："证人，请你谈一谈这个打架的过程怎么样?"结果呢,这个证人居然把他们二人从排队,怎么吵架到最后打架都讲出来。可是事发之前她明明是在办公室里面,怎么可以看到这些她不在场时的事情细节?她作供居然说出一大堆她绝不可能亲眼见到的事实,竟然也没有人提出反对,阻止她,质疑她!这个证人说的肯定都是传闻证据,她老公怎么发生打斗,都是后来她听到人家说的,也许是她的臆测,你们居然容许她把她没看到的、纯粹听来的都绘形绘声地讲出来而不加制止!这个问题我记得好像是控方首先问她,但控方没有阻止她的长篇回答。控方当下应该马上干预:"证人,停一停,请你不要讲一些你听来的事情,你只需要告诉我们你看到什么就可以。"但是没有人制止她,也没有人反对她说传闻证供!所有这些都是不应该发生的错误。

在我们交叉询问(盘问)的时候,有一点很关键的,刚才没有人做过。恐怕在内地没有这种习惯,但是我说,这点很关键:你们应该把你方的版本向证人指出来,不然的话,庭审根本不容易清楚理解辩方跟控方的证人之间的分歧在哪里,两方的差异在哪里,你们两个不同的故事版本区别在哪里。如果我是辩方的大律师,我准备好案卷去盘问证人的时候,这位大毛的老婆肯定是一个很关键的证人,因为她不停地在指称被告人"打她老公左胸一拳"。这点是很关键的,我们的分歧就在这里。我们应该很清楚地给她指出,"证人,我向你指出,你说被告人打了一拳在大毛左胸,是搞错了,其实他只是推了你老公一下,你同意不同意?"她也许会想一想然后同意,她也可能死活不同意,多半她都不会同意。但是至少我们有责任令法庭、令陪审团知道,原来我们的差异或分歧就在这里。最后法庭相信谁的版本是法庭对事实的裁定,至少就律师的责任来说,我们有必要清清楚楚地把双方对这个关键事实的理解的差异摆出来，可是，你们没有人这么做。

刚才问问题的时候，我注意到，有很多时间你们在问"你老公的病""以前身体怎么样"等等。这些事实当然可以问，但是这样使用开放式问题效果并不理想。我想更重要和直接的应该是参考医疗专家的报告。这当然不是一个普通老百姓容易懂的。其实，被告人的辩方律师有必要指出大毛以前的身体不好这个事实。应该怎么做呢？我们的卷宗材料里面有一份关于他尸体的检验，里面很清楚地指出这个刘大毛有重性冠心病。可以理解在案发前死者的心脏病其实并不轻。什么叫冠心病呢？普通人可能不懂，但是心脏病是什么听得懂吧。如果我们要指出他的健康有问题，其实不需要纠缠在他以前身体怎么样。心脏病是不易看出的，突然病发死亡，并不罕见，所以我认为我们只需要向证人指出："你对你老公之前的身体状况有了解吗？""他身体很好啊，蛮好的。""我这里有一份医疗报告，是尸检的报告，据我理解，医院曾经把内容给你解释过，是吗？""是"。律师不用把内容一字不漏地读出来，因为读出来证人也不会明白，只需指出一些重要的，大家都听得懂的重点就行了。例如："报告书中有一个检查结论，说他患有重性冠心病，请问你知道他以前有心脏病吗？""我不知道啊，我不同意。"她可能不同意，但是想一想，法庭愿意接受她说"不同意"还是接受尸检报告？法庭多半会接受报告的结论，即使证人不同意，我也不会担心。"你知道他以前有心脏病吗？""不知道，我不相信有。"证人不相信只是她不能接受这个难过的现实而已，但是这个鉴定结论肯定是已经确定了，所以不用跟她纠缠，指出来让法庭知道便已经够了。

还有一些关于庭审中发言态度的问题。我观察到，中间有一段时间被告人的律师跟证人同一时间在讲话。这种情况很不好，两人好像在庭上吵架一样。法庭不会明白也听不清楚你们两个人在说什么，所以不应该两个人同时讲话。

（2）刚才张检察官已经说过，控方不应该跟自己的证人吵架，更不应该盘问自己的证人。有一个指导思想，按照我们的做法，作为检控人员，一个最稳妥，而且应该是最恰当的做法，就是在发问的时候，手上拿着证人的供词一步一步去问他。供词内容一般来说都是最有逻辑的，因为当时坐在警察的地方，我们相信警察或者公安他们想得比较有逻辑性，而且清楚。他写的东西应该不错，如果他写得不好的话，也许在调查侦查过程当中（请注意，并非庭审已经开始后），他可以要求那个证人再提供第二份、第三份供词，补充得清楚一点。如果公诉人员拿着这些证人的供词来进行引导询问，应该是没有错的。

刚才发问过程中检控人员有一点失控，居然叱责自己的控方证人说："你为什么不说得清楚一点呢？我就是问这个问题啊！"这语带批评的说话有一个最大的毛病：公诉人要证人说清楚，关键是公诉人员首先要自己说话清楚，应该用简单清楚的问题帮助证人把事情说清楚，不是说"你气死我了！我要你说清楚，你老说得不清楚！"，这态度非常不专业，应该避免。刚才的问题，其实问得很好，盘问的目的已经差不多达到了，只是犯了一个毛病：如果你已经成功问了有效的问题，证人的回答也符合你的目的，别重复问题，别再给证人一个纠正自己的机会。本来他已经承认他看不清楚，但是很可惜，你再重复问题一次，他就说："我看得清楚啊！"结果把你刚到手的成果白白扔掉，这是一个我们必须要注意的失误。刚才这情况，我想象到辩护律师可能太兴奋了，心里以为"我已经打中你的要害，为确保我的成果更牢固一点，所以多问你一次"。错就错在这一点，这一点战术错误我们本来可以避免的。另外一个错误，就是对着证人做最后陈词："我告诉你，其实你丈夫的死不是因为被打，是因为他的心脏病。"这是个问题还是陈词？您要她回答你问题，还是和她辩论她丈夫的死因？其实这个根本不是一个问题。面对证人，你只能问问题，不应该对她作陈词，更不应该和她辩论。对证人作陈词，难道你要她对你的陈词做评论吗？这个不是她的责任，所以我们不应该对着一个证人进行陈词，应该对法官作陈词。刚才我当然明白你的心意，你想听众都明白你的立场，是吗？其实我们坐在这里听，都很明白你的心意，你不用陈词，我们都听得懂，这点是应该避免的。

07　张耀良大律师交叉询问示范

——以王小光过失致人死亡案为基础

案情简介

2013 年 5 月 2 日下午 3 点左右，公平镇王家村的犯罪嫌疑人王小光与同村人刘大毛在刘山镇付家村冯兵兵的砖厂，因排队拉砖发生争吵，继而引起厮打，两人被在场的冯硕、刘峰等人劝开，后刘大毛感觉心口疼痛并伴有满头大汗，在送往医院途中死亡。经司法鉴定中心鉴定，刘大毛符合冠状动脉粥样硬化性心脏病急性发作致心源性猝死。胸部遭受一定外力作用及纠纷过程中情绪激动等可作为冠状动脉粥样硬化性心脏病急性发作的诱发因素。

张耀良大律师询问警察

张耀良：我相信你面前有我们这个完整的卷宗是吗？

警察：是。

张耀良：以下的问题请你集中关注调查王小光过程中所发生的事情，其他我们暂时不要管。

警察：好。

张耀良：如果你看这卷宗，请你看看第八页，第八页我们看到有一个关于犯罪嫌疑人的权利书，看到了吗？

警察：看到了。

张耀良：卷宗里面说明有这个权利书，请你确认一下这权利书在王小光的调查过程当中你有出示给他吗？

警察：不仅是出示，当时我们还给他讲解了，怕他不明白，讲解了之后，最后又让他看了一遍，签了字。

张耀良：请你看这个权利书，因为这里有很多条，我们不需要每一条都读出来。但是在中间我们看到接受传唤，有权要求饮食和必要的休息时间，是吗？

警察：是的。

张耀良：这个权利你有给他解释吗？

警察：给他解释了。

张耀良：毫无疑问，你会懂得尊重他这个权利是吗？

警察：是的。

张耀良：首先我想请问你，你当警察有多久？

警察：我当警察有十几年了。

张耀良：这个案件是发生在 2013 年中，2013 年 5 月到 7 月左右，你有十几年吗？

警察：在那之前十几年了。

张耀良：具体一点，十几年是什么意思？11 还是 19？

警察：12 年。

张耀良：2001 年开始当警察是吗？

警察：是的。

张耀良：这种对嫌疑人的调查你做了多少次？当然你肯定没

有一个数目，平均一个月会处理多少宗？

警察：我一年基本上有三四十个案件，我们平原省公平市这一块案件比较多，小偷小摸比较多，打架的比较多。

张耀良：当然按照你丰富的经验，你肯定知道这种调查的目的是什么，是吗？

警察：是的。

张耀良：当然目的有很多种，其中一个目的就是从这个嫌疑人或者被传唤人口中了解事实的真相，是不是？

警察：我们觉得第一是真相，第二是要保证他的权利。

张耀良：这个毫无疑问，当我们说要从他口中得到真相，当然是他的真相，不是你的真相，你同意吗？你不会把你认为的真相，让他确认，而是从他口中了解他理解的真相是什么，你同意这个问题吗？

警察：我不知道你说的真相是哪个，我们认为真相就是说这个事是不是他干的，他干这个事造成多大一个后果，他自己这么说，这个东西要看法律，看证据。

张耀良：我刚才说，我们先不管其他，法律不是作为证人的任务，法律是法庭处理的。首先请你听我的问题，我的问题是说，调查的过程当中，一个重要的目的就是从这个被传唤人口中了解事实是怎么样发生的，你同意吗？

警察：同意。

张耀良：你如果同意，你应该也会同意他理解的事实不是你理解的事实，你同意吗？

警察：他理解的事实未必是事实。我只能说我让他说出他理解的事实，但是他理解的事实未必是事实。

张耀良：无论怎么样，他说出来的事实，你就应该把它如实记录下来是不是？

警察：是的。

张耀良：你可以相信他，也可以不相信他，你可以有自己的意见，但是你不能回避，你有一个责任，就是他说什么，你都要如实把它写下来，同意吗？

警察：我们实践中如果这样做的话，有时候很难操作。比如第一次，当时他说的事很多，啰里啰唆，最后我们为了方便，只是归纳他说的内容，让他看了之后，记录下来。

张耀良：等一下，你说第一次，我想你谈的是第九页第一次的笔录是吗？

警察：是的。

张耀良：日期是2013年5月2号是吗？

警察：是。

张耀良：时间按照这个记录上面是21时16分到23时10分是吗？

警察：是的。

张耀良：这个笔录看起来有点长，但是我点过，总共有九条问题，九个答案，如果你不同意，你可以点一下，但是如果你相信我的话，我就告诉你，九条问题，九条答案，是不是呢？

警察：应该是让他自己把事说了之后，我们又根据他说的情况，具体问了一些问题，但是不好说是九个问题，九个回答。

张耀良：反正是按照笔录上面，我看到是九个问题，九个答案是吗？

警察：对。

张耀良：但是我看时间是半个小时，如果你不同意，你可以现在看，他是21时16分到23时10分，那是多长时间？对不起，我搞错了，是不到两个小时，两个小时少一点。回到你刚才的回答，你说按照他的回答，要整理一些，缩短一下，是这样吧？

警察：就是说证人说得比较啰唆，说的太多了，我们记录很不方便，所以在他说的过程中，我们把他说的过程缩短了一些。

张耀良：刚才我的问题，你也同意这个调查的过程，就是如实把他的讲话记录下来。你这样说，意思就是如果你认为他是啰唆的话，那你就不写下来，是这个意思吗？

警察：因为他说的事很多都和案件没有任何关系，他说出来那天中午吃什么菜，吃什么饭，我觉得烦死了。

张耀良：警察不要解释，你只要回答我是还是不是就够了。你的意思是不是由于你觉得他有些唠叨，所以就不写下来。是这个意思吗？

警察：是这样的。

张耀良：减掉了没有写的，大概有多少？3分钟5分钟的话，8分钟10分钟的话？

警察：也就是8分钟10分钟的话吧。

张耀良：我还是问你第一份供词，这里有几页，有一二三四页，满满的四页，不到两个小时。请问你一个个人的问题，你受教育是什么程度？

警察：我们警察要求是大专，但我是本科。

张耀良：不要回答我警察的要求，我是问你，你的教育程度。

警察：本科。

张耀良：大学本科？

警察：对。

张耀良：是谁做这个笔录的？

警察：第一次是李四做的，不是我做的。

张耀良：你知道他的教育程度吗？

警察：他是大专，但是做笔录做得挺好。

张耀良：写得很快是吗？

警察：这个快慢没法说，我觉得他比我打字慢，但是他认为他比我打字快。

张耀良：我的问题是这样，警察请你看看，这里有满满的四页的供词，不到两个小时，你觉得用这样的时间问这样的内容的问题，算是正常吗？是很快，还是很慢，还是很正常？

警察：对李四来说很正常，要是对我来说，这个也算正常。

张耀良：也算什么？

警察：也算正常。

张耀良：你们认为不到两个小时四页的供词是正常的？

警察：是。

张耀良：谢谢你，请你看第 13 页，我们看笔录是第二次，看到时间是 5 月 15 日，上一次是 5 月 2 日，差距差不多两周左右。我先不让你告诉我们为什么要再传唤他，但是我看这个供词，有 9 条问题，9 个答案，时间差不多半小时左右，你同意我这种描述吗？

警察：同意。

张耀良：半个小时这么长，这个也是你的同僚写的吗？

警察：这次也是他写的。

张耀良：半个小时差不多两页，你觉得这个速度正常吗？

警察：正常，因为这次简单，这次说得很简单，只是问他大致情况，很多情况我们都是格式化的，所以写得很快。

张耀良：按照这个供词，5 月 15 日以后，请你看第 15 页，5

月 27 日，差不多 12 天以后，我们看到有第三次的笔录。

警察：是的。

张耀良：这个笔录我也点过，有 6 条问题、答案，都是很简单的内容，这个会面包括这个笔录有 42 分钟，你同意我的描述吗？

警察：同意。

张耀良：这个是你还是你的同僚写的笔录？

警察：这次也是他写的，也是李四写的。

张耀良：是正常询问的速度吗？

警察：是的。

张耀良：这个发生在 5 月 27 日，警察我先不跟你处理下一份，但是我请你看看这个卷宗的第 57 页，你可以 52 页到 57 页一并来看。我可以告诉你，这是一个法医的鉴定报告，请你看 52 页到 57 页，这个是专家的报告，我们在这里暂时不评论它的内容。请你看 57 页，57 页后面有一个日期，2013 年 7 月 20 日，你很快看一看这个法医报告，请问你有见过这个法医报告吗？

警察：这个法医报告是 7 月 20 日的，我见过。

张耀良：你见过是吗？

警察：对。

张耀良：是案发以后不久还是往后才看过？

警察：这个是案发后两个多月才出的。

张耀良：你看到是 7 月 20 日完成是吗？

警察：对。

张耀良：完成之后，过了多久你才有机会看到这个报告？

警察：我印象中是当天吧，当天还是第二天，应该是第二天看到的。

张耀良：如果这样的话，请你看 52 页，我很想你看看 52 页，还有另外两点就够了，52 页中间我们看到这个大题目"案情摘要"，看到了吗？

警察：看到了。

张耀良：据鉴定的协议记载：后面刘大毛与人发生纠纷，被打击胸部后，蹲在地上，然后他胸痛，后来发生了死亡的事情。看到这句话了吗？

警察：看到了。

张耀良：你刚才回答我，你说这个报告出来不久，你就看到了，那你肯定有注意到这句话是吗？

警察：是的。

张耀良：现在请你翻到 56 页，请你看最上面，有分析说明：根据案情介绍，2013 年 5 月 2 日，刘大毛与人发生纠纷，被打击胸部后，蹲在地上，胸痛，死亡。这句话你有看到是吗？

警察：看到了。

张耀良：这个报告是 7 月 20 日发出的，你刚才告诉我们，发出以后一到两天你就看到了是吗？

警察：是的。

张耀良：警察请你现在翻到第 17 页，在这里我们看到你第四次跟王小光调查，日期是 7 月 22 日。

警察：是的。

张耀良：看起来，这个时候是你刚刚看完那个法医的报告，然后跟他见面的是吗？

警察：是的。

张耀良：时间多久呢？16 时 49 分一直到 20 时 5 分。我也点过，这里有 13 条的题目，问题、答案，时间大概是五个半小时。

警察：三个小时多一点。

张耀良：对不起，我老是算错，三个多小时。按照你刚才告诉我们这种笔录的速度，13条差不多两页的供词，用了三个多小时正常吗？

警察：这次是因为有特殊情况。因为是下午快5点的时候把他传唤过去的，8点询问结束，中间有一个吃饭时间，这是第一。第二，这次记录的人是我们一个新人，他记录没有经验，所以这次显得就很短。

张耀良：这个李晓斌写字写得慢是吗？

警察：不是他写字写得慢，是年轻人因为没有经验，所以里面有些问题。后来我们也发现了，但是因为已经做成笔录了，没法改。就是这样的情况。

张耀良：你说中间他有吃饭的时间，是几点？

警察：吃饭的时间本来应该记录的，结果上面没有记录，而且那天还发生其他事情，所以中间用的时间有点长。

张耀良：第一点，虽然我看到没有记录，但请你告诉我们具体吃饭时间是几点？

警察：吃饭时间，那天应该是6点多。6点多是我们吃饭的时间，让他吃饭，让他休息。

张耀良：什么叫6点多，6点5分还是50分？

警察：刚刚我说了，那天有特殊情况，王小光那天中午不知道吃什么东西了，老拉肚子，我就让王五给他出去买药，当中用的时间有点长，因为他拉肚子，老去厕所，没法给他做笔录。

张耀良：对不起，警察，你真的把我搞乱了，因为这个供词上面有太多现在你告诉我们的新情况，都没有记录，所以你必须要慢慢讲。第一，你没有说清楚他吃饭是什么时候，你说六点多，对吗？

　　警察：是。

　　张耀良：是多久？

　　警察：吃饭时间很短，大概也就是十几二十分钟。

　　张耀良：第二，他拉肚子是几点钟拉到几点钟？

　　警察：这个拉肚子，中间去厕所去了很多次，而且我让王五出去给他买药。

　　张耀良：请继续。

　　警察：我让李四出去给他买药，所以这个询问没法进行了，就我一个人。后来李四买回来药之后，又有事要出去，所以没办法，让这个李晓斌来继续做这个笔录。所以这个笔录问题很大，我们也发现了。很多事情就写了一个"教育"，吃饭什么时间开始，什么时间没说，休息什么时间开始，什么时间没说，中间去厕所也没说，什么都没写，就写了一个"教育"。

　　张耀良：我们一点一点来，因为突然这里面多了很多新的东西，新的材料，我们慢慢处理。

　　警察：好。

　　张耀良：我还没问你买了什么药。我不知道拉肚子的原因在哪里。为什么拉肚子你不请医生，你们要自己去给他买药，我也不知道。但是你这里写了"教育"，在第2页，我非常感兴趣，希望你说实话。请问你这个"教育"是不是录取口供的时候一个标准的程序？

　　警察：不是，这是我们要向他进行法制宣传，这个程序必要的时候才有。

　　张耀良：就是在调查嫌疑犯的时候，进行法律教育，是吗？

　　警察：对。

张耀良：这个法律教育是谁进行？你还是李晓斌，还是另外一个同僚？

警察：一般情况下来说，谁参与，谁给他说。那天是我和李四进行询问，我们俩谁教育都可以。

张耀良：警察请你告诉我，关于这个"教育"，你在警方的专业里面，有没有受过如何进行这种"教育"的专业训练？你不需要告诉我内容，只回答有还是没有。

警察：刚刚我说了，这个"教育"是李晓斌写的，这是一种不规范的记法。我们规范的记法，应该是记清楚，给他说了哪些问题，说明哪些法律。但是李晓斌因为年轻，刚来，直接写了一个"教育"，后来你们喊我们过来，我们才发现问题，用一个"教育"怎么那么简单？但是这个已经写上去了。

张耀良：你没有回答我的问题，因为你老把问题推到李晓斌身上，（李晓斌）不是我们的证人。我的问题很简单，就是你在这个警队里面，在你的工作，在你的训练里面，你有没有受过这种所谓的"教育"的培训，我们不知道是什么，可以在这个调查犯人过程中间使用，有没有受过这种训练？

警察：我们领导反复强调，要告诉这个犯罪嫌疑人，坦白从宽，抗拒从严。

张耀良：然后适当时候用一点点压力是不是？

警察：不使用压力，我们严格依法办案，坚决不允许使用压力。

张耀良：是吗？那我们研究一下。请你再看第18页，允许我翻过，从头再来一次，但是我答应你，我会很快。你看看第11页，第一份的供词。11页，你找到了吗？

警察：找到了。

张耀良：第一份供词中间往下看，你有一个问题："大毛掐住你的脖子，为什么用拳击打他的脖子？"回答："我没打他"，看清楚，被告人这样说，"我没打他，我在他掐住我的脖子后，我顺手推了大毛的脖子一下"。我们现在先不谈他对还是不对，符不符合事实，我不关心这个。但是我看他第一次说用"推"，看到吗？

警察：看到了。

张耀良：如果你有争议，请你指出来。但是我马上告诉你，他第二次用"推"是第13页，是他第二次笔录的时候，你看到中间下面也是一个比较长的答案："我用手朝他左脸下方的脖子推了一下。"看到了吗？

警察：看到了。

张耀良：我看到这个是他第二次在你的调查里面对你用"推"这个字。

警察：是的。

张耀良：第三次，看第四份供词，第18页的上面，我看到有一个答案，刘大毛左手怎么怎么掐我的脖子，下面他说"我用我的右手推了他头一下"，这是他第三次用"推"这个字，看到了吗？

警察：看到了。

张耀良：我不管你接受不接受他的说法，但是他马上就变了，看下面你是对他怎么说。"我问你是怎么做，不是你一个人说，在场有那么多人都看见，不是你，我们也不会冤枉你，你到底打没打？"第一次我们看到你对他用"打"这个字，看到吗？

警察：看到了。

张耀良：你不用解释。然后他说："没有，确实没有打。"看到了吗？

警察：看到了。

张耀良：然后你就教育他了，看到了吗？

警察：看到了。

张耀良：然后呢，经过教育以后，他就说："拿着钥匙，然后握在手里，朝他的左脸打了一拳。"他是第一次经过你教育以后，就改用"打"这个字，看到了吗？

警察：看到了。

张耀良：警察，我给你指出，为什么他经过"教育"后，他改用"打"了，你可以同意或者不同意。就是由于你看到法医的鉴定报告上面说，大毛的胸部被打了以后，你就逼他写这个供词，强迫他，"教育"他，让他把这个改成"打"，你同意不同意？

警察：不同意。

张耀良：你不同意，好的。可惜时间到了，工作人员容忍我好久了，我要停下来，不好意思，有机会再继续。

张耀良大律师询问证人冯硕

张耀良：刚才我们已经听到你对公诉人讲述这个案件，你所观察的结果，我们都听到了。现在我有一些问题想问你。首先我想说，关于刘大毛发生的事情，大家其实都是难过的，没有人愿意看到这种事情发生。但是事情已经发生了，现在我想，对死者，对各方最公平的，就是我们弄清事实，你同意吗？

证人冯硕：同意。

张耀良：把事实弄清楚的话，我想对各方来说是最公平的，也是最大的公义，你同意吗？

证人冯硕：同意。

张耀良：我想事情已经过去了一段时期，如果你有一些东西记得不清楚的话，你可以说不清楚，如果你还有清晰的记忆的话，尽量按照你的记忆回答我的问题，可以吗？

证人冯硕：可以。

张耀良：只是一些事实的问题，我们弄清楚的话，对各方来说就是最好的，这一点你同意。首先，我们听到你刚才说，当时你在现场，在一个修理车厂里面工作，是吗？

证人冯硕：是。

张耀良：我们这里有一张图，这张图当然不是你画的，是查案人员提供给我们的。我不知道你对图的内容同意不同意？我现在给你看这张图，上面的资料我不知道你是不是完全同意，但是上面写着一个是大棚，我估计那个就是车厂的位置。你同意不同意？

证人冯硕：同意。

张耀良：你也说过你在车厂里面工作是吗？

证人冯硕：对。

张耀良：现在我给你铅笔，当时你听到有声音的时候，就是你听到声音那一刻，如果你还记得你的位置在哪里，请你写一个"1"，"1、2、3、4"的"1"，写完以后，铅笔可以放在后面的桌子上。这个图给我，因为这个图你已经做了一个记号，我必须要给公诉人还有法官他们看，等一下我会要求这个图列成我们在庭上的证物。我已经看到你画的"1"这个位置。你曾告诉法庭说，你听到有声音，然后你跑出来看，是吗？

证人冯硕：是。

张耀良：你说你看到王小光、刘大毛他们有一些行为，你跑出来的时候，你看到他们在什么位置，请你用红色的加一点，就是你第一次看到他们的位置，请你点出来给我们。红色的笔你可以放在后面的桌子上，让我看看这个图。好了，我们都看到这个图，你看到他们有这个动作的时候，你自己的位置在哪里？请你用这个不同颜色的笔点在上面。当然这个图的比例我们还不完全清楚，请你告诉我，你的位置是蓝色的点，你观察到他们有打斗，是红色的点，你估计那个距离有多少米，你能估计吗？如果你不能估计的话，你就说不能估计，我再尝试另外的方法帮助你。你能说得出多少米吗？

证人冯硕：说不出。

张耀良：你看看这个法庭，看看这个房间，从你坐的位置到最后那个录像机那个地方，用这个作为一个参考，是同样的距离还是两倍的距离，还是三倍的距离？

证人冯硕：应该是一倍半吧。

张耀良：我不知道我准确不准确，从你坐的这个位置到这个录像机，大概有五米左右，你同意不同意？差不多五米，一般一倍半，大概是七到八米是吗？

证人冯硕：应该比这个还远一些。

张耀良：到了十米吗？或者超过一点？

证人冯硕：应该有个十七八米吧。

张耀良：那我知道了，十七八米。第二个问题，当你看到他们的时候，你是看到他们就扭打在一块，不知道这个准确不准确，你同意吗？

证人冯硕：我不同意。我看到的时候，他们在吵闹，我听到的时候是吵，我看到的时候，他们在拉，等我再看到的时候他们已经打在一起。我先是听到了声音，然后看到了打。

张耀良：我不知道了解得准确不准确，在吵的时候，他们的身体还没有接触对不对？

证人冯硕：对的。

张耀良：拉的时候身体就有接触，包括打也是接触了，是吗？

证人冯硕：对。

张耀良：从他们的身体有接触，到他们最后分开，是多长的时间？多少秒？

证人冯硕：很快吧。

张耀良：如果我说两秒，你同意吗？

证人冯硕：没那么快。

张耀良：五秒你同意吗？

公诉人：反对，辩护人在诱导发问。

法官：反对无效。

张耀良：等一下我们再讨论。

证人冯硕：很快。

张耀良：你估计有多快？你知道一秒是多长吗？嘀嗒就是一秒，你估计是多长？如果我说差不多五秒左右，你同意吗？

公诉人：反对，公诉人再次反对。

证人冯硕：你是说从他们开始吵一直到最后吗？

张耀良：不，我的意思是从他们身体有接触到最后分开，是多长时间？

证人冯硕：十多秒吧。

张耀良：你看到他们的时候，从你的角度，你马上就看得出一个是大毛，一个是小光，是吗？

证人冯硕：是。

张耀良：你看到他们的正面还是背面？如果是背面，是谁的背面？

证人冯硕：我看到他们也有正脸，也有侧脸。

张耀良：谁的正面？

证人冯硕：侧面吧，他们的侧面。

张耀良：正面没有？

证人冯硕：王小光是一个背面，刘大毛是一个正面，也有侧面吧。

张耀良：首先你看到王小光的背面是吗？

证人冯硕：侧背面吧。

张耀良：侧背面，左还是右？

证人冯硕：左边。

张耀良：你先看到王小光的左侧面是吗？

证人冯硕：对。

张耀良：你看到王小光左侧面的时候，他正在做什么动作？是跟大毛有接触？那些动作是怎样？

证人冯硕：大毛在抓他，小光在甩开。

张耀良：大毛抓他，是怎么样抓？你可以描述一下，如果你描述不了，你可以用动作示范给我们看。

证人冯硕：大毛反正有一只手在抓王小光的衣领还是脖子。

张耀良：他一只手是吗？左还是右？

证人冯硕：当时我没太注意。

张耀良：而且你当时应该是看到小光的左侧面是吗？

证人冯硕：对。

张耀良：从这个角度，你确定你真的可以看到大毛手的动作吗？

证人冯硕：应该吧。

张耀良：应该是可能是、可能不是的意思，是吗？

证人冯硕：我当时是看到了，但是你说这个具体的动作，掐着他还是摸着他，这个没看清，我知道他有一只手在抓他。

张耀良：所以他反正手有动作，但是是摸是抓是怎么样，你是说不准的是吗？

证人冯硕：对。

张耀良：如果你看的是王小光的左侧面，王小光的双手有什么动作，你确定你真的能看到吗？

证人冯硕：王小光不想让刘大毛撕他，他在甩。

张耀良：如果你记得的话，放下你的本子，示范给我们看看可以吗？王小光的动作是怎么样？如果你觉得还是想不清楚，就说不清楚，想不准，不要勉强。

证人冯硕：王小光在用他的左手甩掉刘大毛的手以后，用他的右手打了刘大毛的胸口。

张耀良：这个你都看到，当时你看到王小光的角度是他的左侧面，看来左手甩的时候应该看得很清楚是吗？

证人冯硕：对，他用左手甩掉刘大毛，然后右手打在刘大毛的胸口。

张耀良：你确定从你的角度能看到他的右手的动作吗？

证人冯硕：确定。

张耀良：你再想一想，如果我别过身体，这样的话，你确定我的右手你能看得清楚吗？

证人冯硕：我确定，因为我看到他的侧面，这样甩过来，这样打是可以的。

张耀良：还是让我们先弄清楚，还是你认为你估计应该是，所以你就说我看到，其实只是你以为是，会不会有这个可能性？

证人冯硕：没有。

张耀良：你很确定？

证人冯硕：是。

张耀良：当时王小光跟刘大毛的身体距离有多远？他做这个动作的时候。

证人冯硕：很近，因为那个刘大毛的手可以抓着王小光。

张耀良：但是我们看到你刚才示范的动作，你的右手是伸得很长很长。如果按照你刚才的示范伸那么长的话，他的身体可能不会像你现在说的那么近了吧，是吗？他的手是不是伸得好像你现在的右手那么远呢？肯定吗？

证人冯硕：我觉得是，我们之间的这个距离，刘大毛和王小光之间的距离就是身体胳膊的距离，刘大毛抓着王小光的这个距离，正好就是王小光可以打刘大毛的距离，不是那个贴近的距离。

张耀良：按照你这样描述，我试图这样说，你同意不同意，当时他们这个身体中间的距离，虽然他们不是胸膛贴着胸膛，但是中间空间应该半个身体都没有，同意吗？

证人冯硕：半个身体？

张耀良：很近是吗？

证人冯硕：不是像半个身体，还是有一定的距离。

张耀良：一个身体？

证人冯硕：应该有一个胳膊这么长吧。

张耀良：那不是很近。

证人冯硕：彼此能打到对方，他能够抓住他，他能够打到他胸脯。

张耀良：王小光那个动作，左手是甩开刘大毛，为什么他要甩开他呢？

证人冯硕：因为刘大毛掐着王小光的脖子。

张耀良：掐着他的脖子，左手还是右手？

证人冯硕：这个没太注意。

张耀良：他另外一只手在做什么？假定他是一只手，不是两只手。

证人冯硕：他那只手在指王小光的鬓角，指着他的头，一只手在抓着王小光。

张耀良：按照你当时这样观察的话，你觉得大毛当时的行为是不是带有一种，我不是批评他的动作，只是客观来说，有一点攻击性，你同意吗？

证人冯硕：不同意，我觉得王小光他们俩这样的行为是不对的。

张耀良：这个王小光的行为，我们有机会再处理。我只是问你，大毛这种一只手掐着王小光的身体，另外一只手指着他的头的动作，你觉得客观上是不是有点攻击性呢？

证人冯硕：有。

张耀良：就举例，现在如果我走到你面前，掐住你的脖子，指着你的头，对不起，我用冒犯的语言，我想你也会甩开我吧，是吗？

证人冯硕：是。

张耀良：如果我还甩不开，可能你用你认为适当的动作，把我推开是吗？

证人冯硕：是。

张耀良：其实王小光的手，你已经示范过了，你觉得那是一个推开的动作还是一个攻击的动作呢？

证人冯硕：是一个推的动作。

张耀良：然后他们就分开了是吗？

证人冯硕：是。

张耀良：分开以后，我们了解后来不知道什么原因，大毛就……

证人冯硕：修正一下，就是一个打的动作。

张耀良：所以我的理解，是不是有可能是推，有可能是打的意思是吗？

证人冯硕：不，是打，因为他那个动作对王小光有攻击性，王小光就打他。

张耀良：他是用拳头还是用他的手？

证人冯硕：拳头。

张耀良：为什么你看得那么清楚？

证人冯硕：他的力道挺大的，然后刘大毛就蹲在地上。

张耀良：由于大毛摔到地上，所以你就推论他是用拳头是吗？

证人冯硕：不是推论，是他打过去了，但是他攥紧了还是松开了……

张耀良：你告诉我们，你跟他们的距离有多少米？你再说一次。

证人冯硕：十七八米吧。

张耀良：十七八米，你可以区别拳头和手掌是吗？

证人冯硕：我说这个拳头和手掌不是很清楚，但是当时他就倒了，他的力气很大。

张耀良：他是力气很大，所以你就推论那个是打是吗？

证人冯硕：是。

张耀良：然后大毛就摔倒，或者坐到地上去是吗？

证人冯硕：是。

张耀良：然后双方就没有再进一步的动作了是吗？

证人冯硕：就被人拉开了。

张耀良：再细一点，你说小光这个打的动作，跟大毛的身体哪一部分有接触？

证人冯硕：左边的胸部。

张耀良：为什么你看得那么清楚？你不是离十七八米吗？

证人冯硕：因为刘大毛是面对着我的，王小光是侧面。

张耀良：但是那个动作不是发生得很快吗？

证人冯硕：十来秒也是能看清的。

张耀良：冯硕，我给你指出，你其实没有看清楚，那个距离你没有看清楚他们当时的动作是怎样，你同意不同意？

证人冯硕：我不同意，我看清了。

公诉人：反对，这是诱导性发问。

张耀良：我也向你指出，你说小光打他，是出于你对失去至亲的一种伤痛的感情，所以你作出这种指控，你同意不同意？

证人冯硕：我不同意，因为这就是事实，并不是因为他是我亲戚，我就瞎说。

张耀良：谢谢你证人，谢谢各位。

附　录　香港普通法下的律师专业与法治[1]

张耀良

法治的基石有三个重要构成条件：完善且能捍卫社会公义的立法、独立和具公信力的司法，以及得到大众信任的律师专业。本文将介绍香港律师制度及运作。

香港律师沿袭普通法及英式传统，分为律师及大律师两支业务，前者除可以处理任何诉讼和非诉讼法律事务之外，与后者最主要的区别之处是，市民大众能直接接触及咨询律师，而不能直接接触大律师。大律师的主要事务是诉讼（除法院诉讼外，亦包括仲裁及调解），此外亦有提供法律意见的工作。公众若要求大律师代表他们出席庭审诉讼，必须通过律师转聘。大律师的严格守则是，在没有律师的委托指示之下，大律师不能直接接受客户的聘用处理任何案件。同时，在办理案件过程中，大律师不能在律师不在场，或未有同意之下，直接或单独与客户会面或进行任何形式的沟通。大律师另一项严格的专业限制，是不准蓄意，或透过某些行为，企图为自己招揽业务，或自我宣传。

律师出席庭审的权利是有限制的：他们代表客户出席庭审的

---

〔1〕　本文曾发表于《司法》2014年第9辑（徐昕主编，厦门大学出版社2014年版）。

范围始于最基层的裁判署法院，至高等法院内庭聆讯止。大律师则不受任何限制，他们有权代表客户出席所有各级法院庭审，包括高等法院公开聆讯，及至上诉庭及终审法院，唯一条件是大律师必须有律师的正式委托。大律师不能单独出席庭审，他出庭时必须有该委托律师的陪同。

香港法律专业按照法律执业者条例，制定了学历资格的审定。所有专业律师的资格授予来自所属律师公会，执业证书于每一年度由所属公会，分别是律师会及大律师公会，向每位成员按既定规章发出。律师所属机构名为"律师会"（Law Society），大律师则为"大律师公会"（The Hong Kong Bar PH Association）。两个律师组织彼此互不从属，亦独立于政府，分别自我管理。两个律师组织各制定了详尽的专业指引守则，包括专业律师的目标、行为操守，执行委员会的选出及组成（由会员一人一票选出）、内部纪律及惩处细则等。香港法律专业人员是独立的执业者，政府没有管理或干预律师的权力。

普通法中有一项重要原则，名"法律专业机密特权"，目的是容许律师及客户在沟通内容保密的权利获得法律保障之下畅所欲言。除非该客户自愿透露，否则在任何情况之下，包括侦查，或审讯作供，任何人不能受到任何人的诘问、被要求披露他和律师之间的沟通内容。在这一原则之下，任何人皆有单独会见律师、咨询法律意见的权利，会谈内容受到法律保障。如若内容被非法或错误泄露，该等内容亦不可能成为可接纳的庭审证据。

一项非常重要的专业原则是：律师及大律师皆负有协助法庭、伸张公义的义务。律师及大律师固然有责任捍卫各自客户的合法权利，在案件进入司法程序之后，他们绝对不能在任何情况之下，蓄意作出或明知却容许误导法庭的行为。为了履行律师的专业职责，他们当然必须忠诚地根据客户所提供的案情指示，恰如其分地处理案件。然而，面对一些他们有理由相信是虚假，或含有不法成分或动机的行为时，律师必须忠实地、专业地向客户提出他的意见，作出专业分析。在听取律师意见之后，不论客户对案件有何取态，或者该客户向律师作出任何进一步的指示，律师也要考虑该客户的要求是否违法，或抵触律师专业守则，甚或在诉讼过程之中有误导法庭的危险。若客户坚持提出某些可导致律师作出上述或其他不法行为的指示，律师应该马上终止在该案中继续代表该名客户。

普通法有一项信念：法治的实现，体现在公众对法律制度的信心上。公众对法制有信心，自然更愿意守法，人们亦会更尊重法律，更有守法精神。公众对法律的信心及尊重，是不能通过由上下达指令强制逼令的。公众的信心及对法律的尊重，必须以实践赢取。要赢取公众的信心，一个专业人士必须表现高度诚信。香港法律专业守则强调律师工作中须避免发生利益及角色冲突。举例言，物业交易中同一律师或事务所不能同时代表买卖双方。又例如，刑事案中若多名被告人彼此的辩护案情理据及供词有冲突，则这些被告人必须分别由不同律师代表。又例如，案件一方律师若涉及个人利益于其中，或跟案件对方任何人物有个人或利益关系，则该律师不应当继续参与处理有关个案。

法治得以彰显，一项前提是公众须容易获得所需的法律服务。香港法律援助署每年提供刑事及民事法律诉讼案件服务超过4万宗，大部分案件皆由法律援助署委托私人执业律师及大律师处理。（参考数据：香港人口700多万，现有7000多名执业律师，1100多名大律师，各级法院共有190多位法官。）

除上述法规之外，香港终审法院首席大法官会按情况需要，发出法院程序实务指引，具体指示若干司法程序的执行方式。有了统一清晰的指引，可以减少诉讼过程延误，法官及律师皆依据统一的准则处理案件，避免因任意性而产生混乱和争拗。

以上是香港法制背景的一点简略介绍。在这种法规背景之下，香港律师的专业学历及资格有了立法规定，律师及大律师各自受所隶属的专业公会守则规管，除了诚信及伸张公义等最高原则外，亦包括颇为详尽及具体的避免利益冲突的守则，以及和法院的关系及应负的义务。在这一制度框架下，香港法律专业者基本上是在独立不受干扰的环境下执业的。

律师专业：守则与操守

法律诉讼是严肃的事情。诉讼往往是昂贵、费时、客户承受着沉重心理压力且结果难料的过程。律师除非按照忠诚的专业判断认为某案有合理的理据，否则切不可无理挑衅诉讼。在启动诉讼程序之前，律师有责任给予客户坦白率直的意见，法律意见表达方式应该详细易懂，能让客户有机会作出一个充分考虑的决定。当律师接受了委托，及案件已经开始后，除非有重要和恰当的理由，否则律师不应该撤出该案件。律师须谨记：客户的利益及实践公义，比律师获得服务报酬优先。办理刑事案的律师应该提醒被告人如果他符合有关条件，可以申请法律援助。在民事案中，为保障及追求客户最大利益，律师应该尽可能寻求案件和解。律师要能够为客户提供不偏不倚的法律意见，不受个人利益因素的影响，方能保持法律专业的独立性，不损害跟客户的互信关系。

因此，香港不容许律师接受"不成功不收费"的诉讼，也不容许"瓜分"诉讼所得。这项规定，是基于回避利益冲突，及律师不可从办理的案件之中获取个人利益的原则。香港两个律师组织皆分别订立广泛及清晰细致的行为守则，对此作出指引。例如在实务上，有关处理客户个人，或涉案的金钱和财产，律师必须遵循认真和及时原则，包括尽快退还代别人管有的金钱。律师事务所的账户，必须与客户的账户分开，二者的金钱禁止混在同一账户中。在操守方面，律师切不可利用客户个人经验或教育程度不足、年幼无知或年老、精神心理状态脆弱、患病体弱等，而乘机从中渔利。律师亦负有与客户保持联系，适时通报案件进展情况的责任。

此外，法例赋予两个律师组织法定权力，对违规律师成员立案进行内部纪律聆讯审裁。被裁定违规或行为失当者，其个案连同最终受到惩处的罚则都将会向社会公布。正如前文指出的，香港政府没有监管或惩处违规律师的权力。这权力完全属于两个律师公会所有。

上文提到保密原则。律师对客户负有保密责任，包括在办理案件中所获知的消息。即使案件已结束或律师已终止代表，除非按照有关法律，或法院下令该等消息必须披露，否则保密责任仍然继续。

诉讼与实践

用文字讲解诉讼的原则与技巧，有如要用文字解说运动员如何展现自己的技巧一样，除非通过示范，否则真难以入手。笔者且在这有限篇幅内扼要论述某些基本原则。

处理刑事诉讼案件，律师没有权利要求客户（被告人）"坦白"。普通法有一项原则是任何人都不能被要求自证其罪。一般的原则是：辩护律师有责任按照被告人给出的对案件的指示版本去进行辩护。但是，这并非要求律师自己不用"动脑子"，不必自己进行专业分析不加思考便将被告人的说辞在庭上照本宣科。在准备诉讼案件过程中，专业律师应该懂得把无关宏旨的事实筛掉，决定如何针对关键证据争取最有利的裁决，在证人的证供之中发现和抓紧对己方最有利的证据。然而，要是被告人向辩护律师表示自己的行为和意图符合控罪所指控的事实，则除非该等行为及意图在法律上并不构成犯罪，否则辩护律师应该坦率地建议被告人应该承认控罪。换言之，若辩护律师明知己方证供蓄意不实，却仍然代表被告人在庭审中矢口否认该等事实，坚称己方所声称的事实为真实可靠，而据此作无罪辩护的话，他便有可能陷入误导法庭的危险。（当然例外情况是：辩护律师可以合法地采取纯粹以法律观点作抗辩的方式，或己方策略性地不传召证人、不举证，让控方完全负举证责任。）无论是哪种情况，律师不可教唆、捏造或"建议"被告人采纳与事实不符的说辞。香港律师对任何客户的标准问题都是"请将事实告诉我"。要是偶尔客户反问该怎样述说事实比较好，律师必定回答："你别担心，我只想知道事实，你只管把事实说出来，你知道多少便说多少，我不能教导你怎样说话。"

话虽如此，寻常普通人不一定都具有超卓的自我表述能力。准确说，在笔者曾代表的客户中有良好表达能力者也许百中不到一二。普通人一般不晓得更不懂得有条理叙事、聚焦事实重点和关键所在，且一般人多会忽略事实细节。笔者的经验是细节如图片解像度，事实细节粗糙，事实图像便显得模糊，反之律师要是以简单易懂的问题协助客户深入到事实微小细节里，事实图像便会愈发清晰。换言之，要令客户把事实讲出来，律师便要发挥专业技巧，协助客户进入可能连他自己也忽略了的细节里。当律师成功地构建起了一幅高解像度的事实图像时，真相也不会太远了。当然，每个人的标准有差别：律师必须自己判断是否对客户提供的事实图像清晰度感到满意。因此，与客户会面，律师必须晓得提问，尤其是连细节也能弄清楚。笔者的经验是当案情包括所有必要的细节也到了清晰明确的地步时，事情是非黑白往往已经不言而喻了。

普通法的诉讼方式沿用"对抗式"，在这一制度之下，兴讼者向法庭举证，与讼方进行抗辩，法院的角色是裁决者。法官的任务是裁决纠纷，他的角色自然不容许他向任何一方（或双方）提供法律意见。于是，诉讼者对于认识自己的法律权利及责任，只能通过咨询律师，及依靠律师通过庭审争取最好的结果。普通法无数的案例，屡有在案例不多，或者没有先例可援的情况之下，经过律师苦心钻研某些法理原则之后，通过庭审诉讼，成功地据理争辩，得到最终判决胜利，从而确立该法理原则，亦同时成为日后同类案件有效的援引。

庭审诉讼技巧是诉讼律师能力优劣的最大测试。在庭上，除了要遵守基本礼仪之外，诉讼律师的法律知识、发言陈述技巧、对案情充分掌握与思辨水平，还有诘问证人（包括警察、公职人员、专家等）的提问能力等，都是诉讼律师专业能力必不可少的条件。

首先是充分准备。深入透彻研读案件所有的证人证词，及向当事人深入了解案件事实。上文已讨论了与客户会面须知。律师须清楚有关适用法律。没有完全掌握案件，诉讼是空谈。庭审有如比赛正式开始。控方（刑事案）或原告（民事案）传召己方证人作供，即首方举证，代表律师的提问应该规限于证人所呈交的书面证词内容范围，不得越雷池。这是一项重要的原则：公平审讯的前提是审讯证供程序必须公平进行。不论是刑事还是民事诉讼，检控方或原告人绝不可在审讯中"突袭"对方，即不允许临场突然引导证人供述某些没有事前披露的事实，令对方在毫无准备的情况下感到措手不及。这是一项非常严格的举证守则：凡举证一方有责任在审讯之前向对方提供己方所有证人的证词，以便对方有所准备，包括准备他们用以反驳的证据或证人。要是律师引导己方证人作供时"越线"，即供述未事前披露的证言，会遭到对方反对，法官除非裁定有特殊宽限理由容许供述未披露证言，否则一般多会裁定此等为不公平证言而予以禁止。

轮到对方诘问证人，即所称"盘问"或"交叉询问"时，对方律师则不受该证人的证词限制，原则上和案情有关的任何事实都容许在盘问过程之中提出，包括引导性问题。笔者认为有必要借此机会澄清何谓"引导性问题"。"引导性问题"即该问题的答案已经包含或隐藏在该问题之中的提问。在首方举证阶段是不容许这种提问方式的（除非有关内容不存争议，或对方不反对）。举例言：

检察官："被告人进来时是否提着刀子？"或："被告人当时可有令你感到可疑？"这是明显的引导性问题，是会受到反对的。

引导性问题的效果是等同律师"帮助"或"教导"证人作供，更甚者可能连证人事前未曾有过的感觉或认知也在审讯期间被律师鼓动或催逼出来。这是不公平、不稳妥、极不可靠的提问及作供方式。在控方首方举证阶段，恰当的提问方式应该是中立、中性、客观、简单又开放式的，例如：

检察官："当时您在哪？"答："在屋子内。"

"屋子内还有谁？"答："起初我独个儿，后来被告人进来。"

"他进来时你有注意到什么？"答："他提着刀子。"

"哪只手?"答:"右手。"

检察官把证物递上证人席前。

"请看,是否看过这个物品?"答:"看过,是当时被告人提着的刀子。"

又或者:

检察官:"当时店里有顾客吗?"答:"两三个。"

"包括被告人吗?"答:"不包括,他后来才进来。"

"有看到他做什么吗?"答:"开始没有注意。"

"后来有没有任何状况引起你注意?"答:"被告人挨过我身旁,喃喃自语。"

"你有什么反应?"答:"我好怕。"

然而,轮到盘问方则不受到这种限制。事实上,盘问方使用引导性问题是很有必要的。理由很简单:发生诉讼起因当然是双方发生纠纷,双方各执一词,诉讼的目的是各自将己方的案情故事版本向法庭充分陈述,在庭审过程中,相反方在明确指出分歧及所争议的事实外,更要紧的是把己方的版本在盘问中向对方的证人提出来,即"对质",及反证对方的证供不可信。例如:

辩方律师:"被告人进来时,跟你说了'好吗',同意吗?"答:"同意。"

"你没回应?"答:"是。"

"他走到你身旁,把水果放在你桌上,是吗?"答:"没有。"

"你说'没有',是你脸别过去,你不看他?"答:"没看他。"

"你不想看他,因为心里有气?"答:"没啥气。"

"他跟你说话,你没搭腔?"答:"没什么好说。"

"他邀请你吃水果?"答:"没有。"

"他一再邀请你吃水果,你心里有气,你不干,是吗?"答:

"不是。"

"他也有气了，把水果刀扔地上了？"答："……"

"请回答。"答："不是。"

"他掉头就走，是吗？"答："不晓得什么时候走。"

"事实上那水果刀是你屋子的东西，同意吗？"答："不同意。"

"他用那水果刀给你切水果？"答："不同意。"

"他进屋子后，一直待了快半小时才离开？"答："记不清。"

"他待在屋子里，期间你一直坐着，没动？"答："是。"

"他跟你说什么话了？"答："记不清他说什么。"

"是的，反正你不理睬？"答："没说话。"

又或者：

辩方律师："那是一家小便利店？"答："是。"

"30多平方米？"答："差不多。"

"有三排货物架？"答："是。"

"你在挑东西？"答："是。"

"被告人也在挑东西？"答："不知道，他看货架。"

"就像你，像另外两三位顾客，都在看货架，同意吗？"答："同意。"

"你正站在糖果架旁挑？"答："是。"

"被告人也是在看同一糖果架？"答："是。"

"他边看边嘴里念着糖果牌子名字，同意吗？"答："听不清楚。"

"我给你指出：被告人正在找他想要的糖果，他正念着架上糖果牌子名字。"答："不知道。"

诘问必须有目的、有重点，律师必定盘算着如何在这场比赛中，在证人口中"取分"，取得对己方有利的事实细节。这里，辩护律师正在一步一步地构建出关键时刻的一幅几乎有点电影感的图像，观众看到的是被告人的行为并无任何威胁性，不构成任何危害性，反之，是控方证人反应过敏了。

审讯未必便能找出最终真相，也不见得一定可以把事实完全弄清楚。但通过仔细反复诘问，法庭最起码能判断证人的可靠性，发现疑点，裁定谁的案件故事版本更接近事实真相。律师提问的技巧，很大程度上影响了庭审证供的质量，因此，详尽透彻、巨细无遗的诘问技巧，是诉讼律师对法庭宝贵的协助。至于全面论述庭审诉讼及律师的技巧，只能另章探讨了。专业律师及司法机关皆是法治社会的基石。香港律师在明确的法规之下执业，可以自由发挥他们的专业才能，给予客户专业的法律意见，亦可以通过诉讼手段，向独立且廉洁的法院争取客户的权益。律师提供的服务得以畅顺运作，既得益于法制的完善，同时，当法律专业能充分发挥它的功能之际，也促进了法制的有效运作，使法制日趋完善，确保社会大众对法律的信心，最后是法治的实现。

后　记

　　盘问证人是一门庭审技巧，也是一门艺术。要让庭审的作用真正发挥出来，不仅需要辩方律师掌握盘问技巧，还需要公诉人、法官理解和认同询问证人的原则、技巧和询问能力水平的意义，以及认同充分询问证人背后所代表的基本法治原则，即公平、公正、证据得以充分检验、测试、核实的原则。这都是实现发展以庭审为中心的目标至为关键的条件，最终目的是令庭审诉讼程序成为真正实践司法公义的活动。

　　庭审的中心主旨，首先是对事实证据进行认定，最后基于得以认定的事实证据对案件作出裁决。事实证据在得到认定前，必须先要经过举证的过程。证据是否符合证据法原则而被接纳（admissible）是第一关。然后是，包括证词、证言、证物等所有证据都经过庭审检验、测试、核实的质证过程（英文统称为examination）。

　　质证过程是诉讼双方"交锋"的主要战场所在，有关的原理和所要求的诉讼技巧是本书内容所在。

　　庭审的质证水平与过程是否公正，是法治是否得以彰显的重要指标之一。

　　未经质证和未经有效质证的证据，都不是可靠及值得依赖的证据。

　　本书的主旨之一，是要说明只有具备诉讼质证的技巧，律师才能真正发挥协助法庭进行公正及有效审讯的作用。

　　法治不只是法官个人的事。法治不只是检察部门的事。法治也不只是律师的事。法治价值理念必须是大家共同遵守和捍卫的价值理念。在这个共同的价值理念之内，法律人是"一体"，是一个团队，担负着不同的角色与功能，但目标与价值理念却是一致的。在这个基础上，庭审的原则与实务技巧，也必须成为这"一体"所认同的共同目标与价值理念。在研究以庭审为中心的过程中，无疑除了研究诉讼律师如何具备庭审质证技术性的能力之外，我们也要致力于使庭审质证的意义与弘扬法治的理念皆得到法律人的尊重和认同。